gartenfrische
Bio-Ernte
gemütliche Nist- und
Rückzugsmöglichkeiten
kostenloses
Gießwasser
regionale
Materialien
Schmetterlings-
Tankstelle

Heike Boomgaarden
Bärbel Oftring
Werner Ollig

NATUR GARTEN

GANZ EINFACH

35 Ideen für nachhaltiges Gärtnern

ulmer

Wählen Sie aus! Mit 35 Bausteinen zum Naturparadies

In 10 Kapiteln finden Sie 35 Bausteine, mit denen Sie sich Stück für Stück Ihren Naturgarten zusammenbauen können.
Als Belohnung bekommen Sie gleich drei Dinge auf einmal: Erholung, Erlebnisort und Lebensraum für Mensch und Natur!

Gesunder Garten, gesunder Mensch 64

Gemüse und Kräuter 74

Obst 90

Blumige Beete 104

Bäume und Sträucher 116

Natur sucht Balkon und Terrasse 126

Service 136

VORWORT

Der Garten ist die unerschöpfliche Kraftquelle für Körper, Seele und Geist.

Auf der Blumeninsel Mainau habe ich von Graf Lennart Bernadotte und seiner Gemahlin Gräfin Sonja im Jahre 2002 den „Horst-Köhler-Gedächtnis-Preis" erhalten. Dieser Preis wird von der Deutschen Gartenbaugesellschaft 1822 e.V. für Verdienste im Ausgleich zwischen Technik und Natur verliehen.
Damals lernte ich Heike Boomgaarden kennen, die in ihrer Moderation ihr großes Wissen auf dem Gebiet des Gartenbaus den Zuhörern hervorragend vermitteln konnte. Offenbar haben das auch ARD und SWR erkannt, in deren Programmen sie und Werner Ollig regelmäßig spannende Sendungen rund um den Garten gestalten. Die Vielfalt der veröffentlichten Garten- und Naturbücher von Bärbel Oftring ist nicht minder beeindruckend.
Alle drei Autoren dieses Buches waren seinerzeit schon engagierte Mitglieder der Deutschen Gartenbaugesellschaft 1822 e. V. Als ich mir meinen Traum erfüllt und ein Landhaus mit großem Garten erworben habe, konnte ich von ihrem reichen Erfahrungsschatz rund um das naturnahe Gärtnern extrem profitieren. So gibt es nun neben einem kleinen Wald, einem durch und durch ökologischen Obstgarten, einem großen Fischteich, der sich selbsterhaltend zum Biotop entwickelt hat, vor allem einen Kräutergarten, der der Idee Karls des Großen nachempfunden ist. Dieser befahl schon im 9. Jahrhundert auf den diversen Pfalzen, die ihm während seiner Reisen als Unterkünfte dienten, Kräuter anzupflanzen, die der Gesundheit und dem Wohlbefinden dienen sollten. Deswegen finden sich Salbei, Thymian, Kümmel, Rosmarin, Pimpernelle, Estragon, Liebstöckel, Dill, Fenchel, Bohnenkraut, Brunnenkresse, Pfefferminze, Zitronenmelisse, Schnittlauch, Kerbel auch auf meiner „Pützerosa".
Außerdem verdanke ich Heike, Werner und Bärbel viele gute Ratschläge, was die Gesundheit und Blühfreude meiner Pflanzenlieblinge anbelangt. So entwickelten beispielsweise meine Sträucher im Frühjahr noch nie so prächtige Blüten, und auch die Pflege meiner alten Obstbäume konnte ich verbessern. Gleichzeitig bietet mein Garten den tierischen Mitbewohnern reichlich Nahrung und Unterschlupf.
Was ich durch persönliche Gespräche mit den dreien erfahren habe, halten Sie nun in den Händen. Dieses Buch strotzt nur so vor Ideen zum naturnahen Gärtnern und innovativen Tipps zum natürlichen Schutz Ihrer Pflanzen. Es wird für jeden Gartenfreund eine echte Bereicherung sein.
Aber nun: Viel Spaß beim Gärtnern!

Jean Pütz

LEBENSRAUM GARTEN

Ausruhen nach einem hektischen Tag, spielen, toben und sich bewegen, ausgelassen mit Familie und Freunden feiern, Tag für Tag hautnah die Natur erleben und gesundes, frisches Obst und Gemüse ernten – das und noch vieles mehr ermöglicht Ihnen ein Garten. Die Sehnsucht nach einem solchen Paradies, in dem man die Seele baumeln und den eigenen Körper spüren kann, empfinden heute viele Menschen. Selbst auf kleinstem Raum lässt sich diese Sehnsucht stillen.

Berührungsängste entstehen durch verlorene Erfahrungen – im Fernsehen ist Wasser nicht nass und Feuer nicht heiß. Nur durch das Spielen in der Natur kann Vertrauen aufgebaut werden.

Gärten erfüllen heutzutage eine hohe gesellschaftliche, soziale, ökologische und stadtklimatische Funktion. Die angebauten Kulturpflanzen zeigen ein einzigartiges Spektrum an Arten- und Sortenvielfalt.
In Deutschland bewirtschaften 15 Millionen Freizeitgärtner eine Gesamtfläche von etwa 680.000 Hektar. Das entspricht einer Fläche von rund einer Million Fußballfeldern oder 6800 Quadratkilometern!

Gärten im Aufwind

Gerade im Zuge der tief greifenden wirtschaftlichen, sozialen und demografischen Entwicklungen erleben Gärten wieder eine Renaissance: Dorthin kann man sich zurückziehen oder gesellig sein, sich erholen oder aktiv sein, klimabewusst seinen Urlaub mit der Familie verbringen und dazu noch gesundes Obst und Gemüse selbst anbauen und genießen! Der Garten wird in einer immer schnelllebigeren Gesellschaft zum notwendigen Ort der Entschleunigung. Im Garten können Sie Ihren Ideen einen Raum geben, in dem sie uneingeschränkt aufblühen können. Farben, Formen, Düfte, Licht und Schatten lassen die Seele aufatmen von den virtuellen Welten des Büroalltags. Fühlbare Erlebnisse, wie in feuchte Erde zu greifen oder barfuß über den Rasen zu gehen, entspannen von einengenden Kleiderordnungen und kurz-

Klatsch-Mohn ist eine einjährige, Sonne liebende Pflanze. Ihre Blüten sind für eine optimale Bestäubung gebaut: Die streifenförmige Narbe bildet mit dem Fruchtknoten einen idealen Landeplatz für Insekten.

sichtigen Lebensregeln. Das Leben und Arbeiten im Garten erfüllt den gestressten Menschen mit Zufriedenheit und schenkt uns eine sinnstiftende Tätigkeit in der freien Natur. So sprach schon Johann Wolfgang von Goethe: „Die ganze Natur ist eine Melodie, in der eine tiefe Harmonie verborgen ist."

Mal ehrlich: Gibt es etwas Schöneres, als morgens die ersten Sonnenstrahlen der wärmenden Sonne im Garten zu genießen – am besten mit einer Tasse Tee aus selbst gezogener Pfefferminze oder Zitronenmelisse? Spüren Sie die Kraft und Ruhe Ihrer Pflanzen, etwa bei einem kleinen morgendlichen Rundgang? Dabei können Sie auch hier ein lästiges Kräutlein auszupfen, da den Boden mit den Händen streicheln und dort ein wenig gießen – so gestärkt kann der neue Tag kommen.

Leben im Garten, in und mit der Natur, und das zu allen Tages- und Jahreszeiten, macht unser Dasein „lebenswerter". Säen, kultivieren, pflegen, Obst und Gemüse ernten, bevorraten und einmachen, Bäume und Sträucher pflanzen und schneiden, und immer wieder mit blanken Händen die warme Gartenerde spüren – das erdet! Und im kalten Winter erinnert Sie die selbst gemachte Marmelade, Saft oder Dörrobst an die wärmenden Sonnenstrahlen des Sommers. Das weckt die Freude auf das nächste Jahr – Leben im Garten.

Natur pur im Garten

Kurzum: Gärten bieten Lebensfreude pur inmitten der Natur. Der Garten ist nicht nur Erholungsraum und Nahrungsspender, er bildet auch ein wertvolles Rückzugsgebiet für viele heimische Tier- und Pflanzenarten. Eine naturnahe Bewirtschaftung berücksichtigt alle Bereiche des Gartens nachhaltig. In der Lebensgemeinschaft Garten fühlen sich alle wohl: Pflanzen, Tiere und der Mensch!
Doch die Wirklichkeit sieht mitunter anders aus: Aus langjährigen Untersuchungen ist bekannt, dass Gartenböden häufig überversorgt sind, beispielsweise mit den Nährstoffen Phosphor und Kalium. Zudem wird eine Vielzahl von Pflanzenschutzmitteln in Unkenntnis nicht sachgerecht angewendet und kann so Boden, Luft und Wasser belasten. So potenzieren sich viele kleine individuelle Fehler bei Düngung und Pflanzenschutz auf der großen Gesamtfläche Garten und wirken sich negativ auf die Umwelt aus. Zahlreiche naturliebende Gartenbesitzer fragen deshalb, verunsichert durch zunehmende Umweltbelastungen und daraus resultierenden, gesundheitlichen Problemen, nach alternativen Kulturmethoden und Konzepten, um die Natur wieder in den Garten zurückzubringen, nämlich dahin, wo sie eigentlich hingehört. Sie gehören zu diesen Menschen und finden in diesem

Der Mensch als Teil der Natur – so fühlen sich alle wohl

Mischkulturen bieten nicht nur den puren Genuss für Gaumen und Auge, sondern halten den Boden gesund und schaffen Lebensraum für viele Tiere.

30 Minuten täglich konsequente Arbeit im Garten ersetzt das Fitnessstudio und oft auch den Arzt.

Buch 35 Anregungen, wie Sie konkret mehr Natur in Ihren Garten bringen können. Diese Anregungen sind als Bausteine formuliert, sodass Sie selbst entscheiden können, welche Bausteine Sie mit Leichtigkeit in Ihrem Garten umsetzen können und wollen (oder schon umgesetzt haben?) und welche Sie in diesem oder im nächsten Jahr ausprobieren möchten.

Bunte Lebensräume

Sie brauchen keine Furcht davor haben, dass sich Ihr Garten zum Schmuddelgarten entwickelt, wenn Sie der Natur die Tore öffnen: Denn mehr Natur hat in jedem Garten Platz, sogar im formal gestalteten Japan- oder Zen-Garten (siehe Seite 62). Naturgärten bieten Vielfalt, Nachhaltigkeit und spannende Erlebniswelten. Wenn Sie vielfältig bunte Lebensräume mit naturnahen Stauden und Gehölzen, plätscherndem Wasser und heimischen Früchten anbieten, werden Sie mit einer reichen Tierwelt – und manch spannendem Naturerlebnis – belohnt.

Überlieferungen aus alten Bauern- und Klostergärten, die wieder vermehrt in Zeitschriften veröffentlicht werden, können Ihnen darüber hinaus wichtige Informationen, Anregungen und alternative Konzepte liefern. Alternative Konzepte bedeuten aber nicht ein vollständiges Zurück zu bewährtem, altem Wissen – heutzutage gibt es im Handel eine Vielzahl spezieller Produkte, die umweltbewusstes Gärtnern einfacher machen. So können Sie auf leichte Weise der Natur mehr Raum geben. Daher lautet die gute Nachricht: Mehr Natur im Garten ist einfach möglich und eigentlich für alle Garten- und Naturliebhaber machbar. Die Idee ist genial einfach – oder einfach genial: Mehr Natur in der Gartenkultur zum Wohle von Mensch, Pflanze und Tier erreichen Sie durch behutsamen und nachhaltigen Umgang mit den natürlichen Ressourcen und der Umwelt.

Beachten Sie die drei folgenden Merkmale für naturnahes Gärtnern:

- **Pflanzenstärkungsmittel in Verbindung mit robusten, widerstandsfähigen Sorten als Alternative zu synthetischen Pflanzenschutzmitteln.**
- **Verzicht auf Torf im Naturgarten.**
- **Nutzung von garteneigenem Kompost zur Pflanzenernährung und Bodenverbesserung statt dem Einsatz von Mineraldüngern.**

Nicht mehr, aber auch nicht weniger!

Vor allem durch den hohen Kaliumanteil stärkt die stickstoff- und kieselerdehaltige Beinwelljauche Pflanzen hervorragend, sie erhöht deren Standfestigkeit und macht sie resistent gegenüber Frost und Schädlingen.

Mehr Natur – ohne Qualitätsverluste!

Naturgärten müssen nicht ungepflegt sein oder gar die Nachbarn durch ihr Aussehen oder den Samenflug von „Unkräutern" verärgern. Naturgärten haben überhaupt nichts mit Durcheinander oder Wildnis zu tun, ganz im Gegenteil: Naturnahes Gärtnern hat die Natur als großes Vorbild.

Nachhaltig gärtnern

Ein wichtiger Motor der Natur auf der ganzen Welt ist die Kreislaufwirtschaft. Einige Beispiele dafür sind der Nährstoff- oder der Wasserkreislauf. Wie in der Natur gibt es auch im Naturgarten geschlossene Kreisläufe. Konkret bedeutet das, das garteneigene Ressourcen wie Ernterückstände und Blätter vor Ort kompostiert werden, den Boden verbessern und den Pflanzen wieder als Nährstoff zur Verfügung stehen. Somit werden Bodenfruchtbarkeit und biologische Aktivität langfristig und nachhaltig gefördert. Eine zusätzliche Düngung mit leicht löslichen Mineraldüngern ist dann nicht mehr notwendig. Das macht sich auch im Geldbeutel bemerkbar.

Die natürlich ablaufenden Prozesse wie Mineralisierung oder Kompostierung werden durch gärtnerische Maßnahmen gefördert, wobei diese auf das Notwendigste beschränkt bleiben. Wer seinen Garten in einen Naturgarten umwandeln will, braucht etwas Geduld und ein gutes Beobachtungsvermögen, damit er die Sprache der Natur versteht. So können beispielsweise zu viele lange Triebe (Wasserschosser) beim Apfelbaum ein Zeichen für eine überhöhte Stickstoffdüngung in Verbindung mit einem unangepassten Schnitt sein. Blätter, die vom Rand her braun werden, zeigen eine unregelmäßige Wasser- und Nährstoffversorgung an, während Blattaufhellungen und -verfärbungen auf mögliche Bodenverdichtungen oder einen ungünstigen pH-Wert hinweisen. Nur wer nachhaltig mit der Natur arbeitet, wird langfristig die Erfüllung seiner Gartenträume genießen können. Gut und Böse gibt es im Garten nicht. Alles hat seinen Sinn, selbst lästige Blattläuse als Zeichen für Monokulturen oder Mehltau für an den Standort unangepasste Pflanzen. Haben Sie sich einmal auf dieses wertfreie Denken eingelassen, so fällt richtig viel Arbeit weg: Wenn das Unkraut zur nektarspendenden Wildblume wird, welche Sie in Ihrem Garten willkommen heißen, haben Sie sich schon viele Stunden Unkraut jäten gespart. Stattdessen können Sie entspannt den Nektarsammlerinnen bei der Arbeit zuschauen.

Natur ist einfach

Es ist immer wieder faszinierend zu beobachten, wie einfach Natur funktioniert. Beobachten Sie dazu einmal einen großen, in der freien Flur stehenden Kirschbaum im Lauf eines Jahres: Im Frühling treiben wie durch ein Wunder aus den scheinbar leblosen Ästen Blätter und Blüten aus. Im Sommer ist er reich belaubt und mit roten, süßen Früchten behängt, verliert im Herbst seine Blätter, nachdem sie noch einmal ein Feuerwerk an Farben gezaubert haben. Dann steht der Kirschbaum viele Monate lang nackt und bloß im kalten Klima kurzer Tage. Die Blätter liegen derweil zwei Handbreit auf dem Boden. Der Winter geht vorbei, es wird Frühling – und wo sind die Blätter geblieben? Millionen von Mikroorganismen und Tausende von Bodentieren haben sie zersetzt, in ihre mineralischen Bestandteile zerlegt, die dann den Wurzeln als Nahrung wieder zur Verfügung stehen. Das geschieht ganz ohne das Eingreifen des Menschen. Dieses Zusammenspiel von Keimen, Wachsen, Blühen, Fruchten und Vergehen ist das Vorbild von „Natur sucht Garten". Es ist das Rückbesinnen auf Jahrmillionen alte Naturgesetze, durch die die Erde zu dem bunten, lebensfreundlichen, vielfältigen und wunderschönen Planeten geworden ist, die sie immer noch ist!

Stellen Sie sich das Paradies vor

Blütenpflanzen, möglichst während des ganzen Jahres, erfreuen unsere Sinne und bieten nützlichen Insekten Pollen und Nektar. Was für ein wunderbares Naturschauspiel, wenn ein Apfel-, Zwetschen- oder Kirschbaum in voller Blüte steht: dutzende von Bienen, Hummeln und Wespen schwirren um ihn herum und bestäuben tausende von Blüten. Nur so können sich die leckeren Früchte bilden. Und wenn man dazu den Garten mit intelligenten, vorbeugenden und nachhaltigen Strategien naturnah bewirtschaftet, erntet man von allem alles und zwar mit einem großen Gewinn für die Natur – und für sich selbst.

DER WEG IST DAS ZIEL

Stickoxide in der Luft, Abgase, Lärm und Feinstaub in den Städten – dicke Luft soweit man schaut. Manchmal hat man den Eindruck, dass sich Dinge negativ entwickeln, und man selbst ist dem Ganzen hilflos ausgeliefert. Aber die gute Nachricht lautet: Jeder kann etwas tun und ganz besonders im eigenen Garten.

Wasser sorgt für ein angenehmes Kleinklima im Garten.

Kennen Sie das auch? Wo auch immer man in Deutschland hinfährt – in der Stadt, auf dem Land, auf dem Friedhof: Die Gartenkultur hat sich verändert. Wo früher traditionell vielfältig bepflanzte Vorgärten die Häuser geschmückt haben, befinden sich heute oft „Steinwüsten", bei denen die Pflanzen nur noch rudimentär vorkommen. Verschiedenfarbige Steine täuschen hier eine Pseudo-Vielfalt vor. Zum Schutz vor störendem Wildkrautbewuchs wird dann meist noch eine Folie oder Vlies untergelegt, und fertig ist der „pflegeleichte Garten". Und das sollen Gärten sein?

Die Antwort heißt: Nein! Zum Glück geht es auch anders, denn die Botschaft lautet: „Leute, pflanzt die Fläche voll"!

Gerade jetzt brauchen wir mehr Natur im Garten – mehr Biodiversität, mehr Vielfalt, mehr Arten und Sorten, und vor allen Dingen: mehr Pflanzen im Garten. Grüne Pflanzen, die für uns Menschen den lebenswichtigen Sauerstoff herstellen, blühende Pflanzen, die Nektar und Pollen für nützliche Insekten produzieren, Obst und Gemüse, Bäume und Sträucher, die unser Lebensumfeld kühlen und uns Schatten spenden, und nicht zuletzt Pflanzen, die Schadstoffe, Lärm und Abgase aus der Luft filtern und für saubere Luft sorgen!

Es ist gar nicht so schwer, der Natur mehr Raum im Garten zu geben. Statt Steine auf Folien brauchen wir wieder eine vielfältige Gartenkultur mit Wildkräutern und -sträuchern, Blumenwiese und robusten, standortgerechten und widerstandsfähigen Arten und Sorten. So lange wie möglich erfreuen Blütenpflanzen unser Auge und locken nützliche Insekten mit Nektar und Pollen.

„Natur sucht Garten" – und findet ihn!

Wenn Sie Ihren Garten umstellen möchten, finden Sie in diesem Buch die richtungsweisenden Bausteine und Anregungen.

Erstaunt werden Sie feststellen, wie schnell die „Eroberung“ des Gartens durch die Natur erfolgt, nach dem Motto „wer suchet, der findet auch“! So entsteht ein wunderbar vielfältiger Lebensraum für Pflanzen, Tiere und Menschen.

Natur sucht Garten – mach mit!

Dieses Buch will allen Freizeit- und Hobbygärtnern Mut machen, neue Wege zu gehen und mehr Natur in den Garten zu holen. Die Botschaft lautet: Die Natur ist einfach und unkompliziert. Sie folgt Jahrmillionen alten Naturgesetzen und Kreisläufen. Wenn Sie das erkennen, dann ist mehr Natur im Garten für jeden möglich, und zwar ohne jegliche Qualitätsverluste. Lassen Sie sich nicht einreden, Gärtnern sei schwierig und ohne Dünger, Pflanzenschutzmittel, teure Maschinen und Geräte ginge es nicht! Es geht tatsächlich auch ohne diese ganzen Hilfsmittel.

Sie sind noch skeptisch? Dann wählen Sie aus diesem Buch den Baustein aus, der Ihnen am besten gefällt und probieren Sie es auf einer Teilfläche aus. Geben Sie sich etwas Zeit und beobachten Sie, was die Natur Ihnen bietet! Machen Sie sich auf den Weg, der ein spannender, interessanter und gartenlustvoller sein wird.

Wir wünschen Ihnen viele neue, aber auch altbewährte Naturerkenntnisse bei der Umsetzung der Ideen. Praktische Tipps und Hinweise finden Sie in diesem Buch. Viel Freude dabei!

Schlehen sind das ganze Jahr über sehr attraktiv. Sie bieten vielen Insekten Nahrung und uns, schon seit Hildegard von Bingen bekannt, heilende Beeren.

Boden ist Leben

In einer Handvoll Gartenboden leben mehr Organismen als es Menschen auf der Erde gibt! Greifen Sie mal mit beiden Händen in warmen, lebendigen Gartenboden!

Gesunder Boden, gesunde Pflanzen

Ein gesunder Boden ist die beste Voraussetzung für gesunde Pflanzen. Somit spielt er für unser Leben eine bedeutende Rolle und verdient unsere höchste Wertschätzung. Doch was versteht man unter einem gesunden Boden?

Der alte, heute kaum mehr gebräuchliche Begriff Bodengare aus der Landwirtschaft gibt auch dem Freizeitgärtner einen Hinweis. Ein garer, also ein fertiger Boden, ist hinsichtlich seiner Struktur und seines Wasser- und Lufthaushaltes optimal für das Pflanzenwachstum. Um das zu erreichen, wirken alle mineralischen, physikalischen und organischen Komponenten des Bodens sowie das Bodenleben zusammen.
Mehr als die Hälfte eines Bodens besteht aus Poren, die ähnlich wie bei einem Schwamm abwechselnd Wasser und Luft führen. Beide Faktoren sind für das Wurzelwachstum von großer Bedeutung. Wenn das Porenvolumen zusammengedrückt wird, etwa durch einen schweren LKW, wird der Boden verdichtet. Er kann weniger Wasser und Luft speichern und die Pflanzen wachsen nicht mehr richtig!

Bausteine für gesunden Boden

1. Bodenpflege mit Mulch
2. Gründüngung
3. Bodenleben aktivieren
4. Kompost selbst gemacht

Humusgehalt des Bodens

Für den Gärtner ist der Gehalt an Humus, also die abgestorbene, mehr oder weniger zersetzte organische Substanz aus Pflanzenresten, eine wichtige Größe. Je höher der Humusgehalt, desto höher ist ...

- die biologische Aktivität im Boden,
- das Nährstoffnachlieferungspotenzial des Bodens,
- die Bindung und Festlegung von klimaschädlichem Kohlenstoffdioxid (CO_2).

Gartenböden enthalten durch die intensive Nutzung Humusgehalte von 3 – 8 %, in manchen Regionen sogar bis zu 10 % und mehr. Zum Vergleich: Ackerböden enthalten durchschnittlich nur 1 – 3 % Humus. Biologisch aktive, gare Böden zeichnen sich durch ein vitales Bodenleben aus. So leben auf einem Quadratmeter humusreichem Boden Tausende von Springschwänzen, Asseln oder Milben in Lebens- und Fressgemeinschaften. In einer Handvoll Boden leben weitaus mehr Mikroorganismen als Menschen auf der ganzen Erde! Innerhalb der Bodenflora sorgen Bakterien, Algen, Pilze und Flechten für die Aufrechterhaltung des Nährstoffkreislaufs. Die bodenbewohnenden Tiere sind die spezialisierten Zerkleinerer von Pflanzenresten. Regelmäßige Kompostdüngung fördert Bodenflora und -fauna und somit die Bodengesundheit.

Düngerbedarf im Garten

Doch wie hoch ist eigentlich der Nährstoff- und Düngerbedarf Ihres Gartenbodens? Wenn Sie das noch nicht wissen, sollten Sie es mittels einer Bodenuntersuchung herausfinden. Spezialisierte Bodenlabore der Landwirtschaftskammern, Landwirtschaftliche Untersuchungs- und Forschungsanstalten (LUFA) oder private Anbieter erfassen die vorhandenen Gehalte an Nährstoffen, wie Phosphor, Kalium und Magnesium sowie den pH-Wert und die Bodenart. Die wichtigste Größe ist jedoch der Humusgehalt: Er gibt einen Hinweis auf die biologische Aktivität, das Bodenleben und das Nährstoffspeicherungsvermögen des Bodens.
Meist sind Gartenböden überversorgt mit Nährstoffen, besonders mit Phosphor und Kalium. Die empfohlenen Mineraldüngergaben sind in Unkenntnis der tatsächlichen Bodengehalte deshalb oft nicht angepasst. Eine Überdüngung macht die Pflanzen aber nicht gesünder, sondern nur anfälliger für Krankheiten und Schädlinge. Außerdem werden Boden, Wasser und Umwelt belastet.
Im Naturgarten kann man ohne Mineraldünger auskommen – mit dem gleichen Erfolg. Mit 3 – 4 l garteneigenem Kompost pro m² und Jahr (das entspricht der durchschnittlichen Düngewirkung von 100 g Volldünger) haben Sie eine preiswerte und langsam fließende Nährstoffquelle, die alle Pflanzen gedeihen lässt.

Boden – was ist das?

Boden ist die mit Wasser, Luft und Lebewesen durchsetzte oberste Schicht der Erdkruste, die Pflanzen als Standort, Wasser- und Nährstoffquelle dient und die Existenz aller Lebewesen ermöglicht.
Das komplexe *Ökosystem Boden* ist jahrzehntelang nicht nach den Grundsätzen der Nachhaltigkeit behandelt worden. Neben einer Anreicherung mit Schadstoffen und der Erosion, „frisst" der zunehmende Flächenbedarf der Menschen die Landschaft auf. Wir brauchen ein neues *Bodenbewusstsein*, und das können Sie im Naturgarten umsetzen!

Ein humusreicher Gartenboden ist die beste Voraussetzung für gesund und gut versorgt wachsende Pflanzen.

1

BODENPFLEGE MIT MULCH

Damit der Gartenboden nachhaltig fruchtbar und biologisch aktiv bleibt, können Sie problemlos und ohne großen Aufwand verschiedene Kulturmaßnahmen ergreifen. Das Mulchen, also das Abdecken des Bodens mit organischen Materialien, hat eine besondere Bedeutung.

Die Vorteile einer Mulchschicht sind vielfältig:

> Bodenschutz: Die oberste, biologisch aktive Bodenschicht wird vor Austrocknung, direkter Sonneneinstrahlung und starkem Wind geschützt.

> Wassereinsparung: Mulch wirkt wie eine Isolationsschicht, verhindert so die unproduktive Verdunstung von Wasser und spart Gießwasser.

> Förderung des Bodenlebens: Durch den kontinuierlichen Abbau von organischem Material (Mineralisation) werden die Bodenlebewesen (Mikroorganismen und Bodentiere) ständig mit „Futter" versorgt. Je höher die biologische Aktivität des Bodens, desto besser die Bodenfruchtbarkeit.

Geeignete Materialien zum Mulchen

Im eigenen Garten finden sich folgende schnell abbaubare bzw. schnell umsetzbare Stoffe. **Rasenschnitt** fällt in fast jedem Garten an, sofern er nicht im geschlossenen Kreislauf auf der Rasenfläche verbleibt. Er eignet sich sehr gut zum Abdecken der Beete zwischen den Gemüsepflanzen sowie unter Bäumen und Sträuchern. Wichtig, nur maximal 3 cm dick auftragen, damit eine schnelle Verrottung möglich ist.

Wer seine Beete mit garteneigenem Mulch bedeckt, muss weniger Unkraut zupfen.

Gut bepflanzt, ist halb gemulcht

Alternativ können Sie Baumscheiben mit niedrig wachsenden Stauden oder Kräutern bepflanzen sowie Staudenbeete mit garteneigenem Häckselgut oder organischen Mulchfolien auf der Basis von Pflanzenstärke abdecken.

Das Stroh schützt reifende Früchte vor Schimmelbefall und garantiert saubere Füße.

Eine dünne Laubschicht auf den Beeten ist ein Festtagsschmaus für Regenwürmer und verbessert den Boden.

Pflanzenreste wie etwa Umblätter von Gemüsepflanzen, Strünke und Gehölzschnitt sowie Gartenabfälle aller Art – ausgenommen Pflanzenteile mit Samen – werden für eine möglichst große Oberfläche mit Spaten oder Baumschere mechanisch zerkleinern. Die Mikroorganismen freuen sich!

Laub wird nicht über den Grünschnitt „entsorgt", sondern sinnvollerweise in den Nährstoffkreislauf des Gartens zurückgeführt. Als Flächenkompostierung dünn auf die Beete aufgebracht, ist das ein wahrer Festtagschmaus für Regenwürmer und funktioniert auch mit langsam zersetzbaren Walnuss- oder Eichenblättern!

Bevorzugen Sie garteneigene Mulchmaterialien, denn sie ermöglichen einen geschlossenen Nährstoffkreislauf. Garteneigener Mulch ist eine der preiswertesten und nachhaltigsten Bodenverbesserungsmethoden zur biologischen Belebung des Bodens – ein unverzichtbarer Garant für gesunden Boden und gesunde Pflanzen.

Die folgenden gartenfremden Materialien lassen sich ebenfalls als Mulchschicht verwenden, werden aber langsamer abgebaut.

Stroh wird aufgrund seines geringen Stickstoffgehaltes nur langsam zersetzt. Deshalb eignet es sich sehr gut für die Abdeckung zwischen Erdbeerreihen. Nach der Blüte ausgebracht, legen sich die reifenden Früchte auf ein weiches Strohbett. Das vermindert Kontakt mit dem Boden und Infektionen mit Schadpilzen.

Rindenprodukte werden zunehmend auch im Freizeitgartenbau zum Abdecken von Staudenbeeten und Baumscheiben eingesetzt. Ähnlich wie Stroh werden sie nur langsam zersetzt. Durch ihren Anteil an Gerbstoffen haben sie eine herbizide Wirkung und unterdrücken keimende Wildkräuter. Rinden aus verschiedenfarbigen Hölzern stammen oftmals aus tropischen Regenwaldhölzern und sollten – wenn überhaupt – nur sehr sparsam im Naturgarten eingesetzt werden.

Stickstoffmangel?

Alle Rindenprodukte werden aufgrund ihres weiten Kohlenstoff/Stickstoff-Verhältnisses langsam mineralisiert. Dabei wird Stickstoff festgelegt, den die Mikroorganismen verbrauchen. Bei einer starken Auflage (10 cm) kann es so zu einem lokalen Stickstoffmangel im Wurzelbereich kommen. Deshalb sollten Sie unter die Rinde einen Stickstoffdünger geben (30 g/m² Hornmehl oder Hornspäne).

2

GRÜNDÜNGUNG

Eine alte ackerbauliche Methode zur Erhaltung der natürlichen Bodenfruchtbarkeit ist die Gründüngung. Hierbei werden geeignete Pflanzen eingesät, die später komplett in den Boden eingearbeitet werden. So werden große Mengen an organischen Pflanzenteilen wie Blätter, Stängel und Wurzeln, in den Boden eingebracht, sehr zur Freude der Mikroorganismen, die dieses Material fleißig umsetzen.
Folgende Vorteile bietet die Gründüngung:

- Anreicherung des Bodens mit Humus.
- Verbesserung der Bodenstruktur.
- Förderung des Krümelgefüges durch die so genannte „Lebendverbauung". Stabile Bodenkrümel entstehen aufgrund der Fraßtätigkeit des Regenwurmes und anderer Bodentiere aus organischen (Pflanzenresten) und mineralischen (Ton, Sand) Bestandteilen.
- Biologische Bodenlockerung durch die Wurzeln in bis zu 1 m Tiefe.
- Schutz des Bodens vor Verschlämmung, Verkrustung und Erosion.

Durch Gründüngung entstehen zwei wichtige Humusformen:
Dauerhumus ist nur langsam zersetzbar und verbleibt lange im Boden, was ihm seine dunkelbraune Farbe gibt. Er erhöht den Humusgehalt des Bodens und je höher der Humusgehalt, desto mehr klimafeindliches CO_2 wird gebunden!
Nährhumus wird schnell mineralisiert und steht den Pflanzen rasch als Dünger zur Verfügung.
Von besonderem Vorteil ist die Gründüngung bei Gartenneuanlagen etwa nach dem Hausbau.

Ein Beet mit blühender Phazelia bringt Farbe und viele Nützlinge in Ihren Garten.

Bienentankstelle

Der Bienenfreund (*Phacelia tanacetifolia*) gilt als Allrounder unter den Gründüngungspflanzen. Er kann ab Mitte Mai bis Ende August ausgesät werden und gedeiht sowohl auf leichten als auch auf schweren Böden. Nachdem der Bienenfreund mit keiner im Nutzgarten angebauten Pflanzenart verwandt ist, besteht keine Gefahr von familienspezifischen Krankheiten. Nach acht bis zehn Wochen bieten die blauen Blüten eine üppige und attraktive Bienenweide.

Aussaatmengen für Gründüngung

- **Kreuzblütler:** Liho-Raps, Senf 200 g / 100 m²
  Ölrettich 300 g / 100 m²
- **Korbblütler:** Sonnenblumen 400 g / 100 m²
- **Schmetterlingsblütler:** Wicken, Felderbsen 1700 g / 100 m²
  Lupinen 2500 g / 100 m²
  Weißklee, Gelbklee und andere Kleearten 150 – 300 g / 100 m²
- **Wasserblattgewächse:** Phazelia 150 g / 100 m²

Sonnenblumen richten ihre Blüten nach dem Stand der Sonne und brechen mit ihren starken Wurzeln Verdichtungen in tieferen Bodenschichten auf.

Nicht selten sind massive Verdichtungen durch die Bautätigkeit (Lagerplatz für Steine, Standort schwerer Baumaschinen) entstanden. Diese sind besonders in den tieferen Bodenschichten maschinell nicht mehr zu beheben. Dann hat sich die Kulturmalve (*Malva sylvestris*) bewährt, die mit ihrer starken Pfahlwurzel tiefe Bodenschichten aufbricht und biologisch beleben kann. Zwischen Beerensträuchern und Obstbäumen sowie im Gemüsegarten als Vor- oder Nachkultur kann eine Gründüngung ebenfalls sinnvoll eingesät werden.

Geeignete Pflanzen auswählen

Die meisten Gründüngungspflanzen haben eine kurze Entwicklungszeit und können noch bis in den Sommer gesät werden. Besonders für leichte und humusarme Böden eignen sich Pflanzen mit hoher Grünmassebildung wie Raps, Sonnenblumen oder Phazelia. Kreuzblütler wie Raps, Senf oder Ölrettich sollten wegen der Übertragung von Fruchtfolgekrankheiten nicht vor oder nach Kohlarten gesät werden.

Von besonderer Bedeutung ist die Fähigkeit der Schmetterlingsblütler (Leguminosen) Stickstoff aus der Luft zu binden und im Boden für die Pflanzen zur Verfügung zu stellen. Dadurch verringert sich der Düngerbedarf an Stickstoff in der Folgekultur.

Neben der Bodenverbesserung und -belebung haben die Blüten der meisten Gründüngungspflanzen eine hohe Anziehungskraft auf nützliche Insekten, wie Florfliegen, Raubwanzen und Bienen.

Aussäen und einarbeiten

Die Aussaat erfolgt auf unkrautfreiem Boden zwischen März und September. Kurz vor der Blüte die Gründüngung am besten abmähen, niederwalzen oder abfrieren lassen, denn blühende Pflanzen verbrauchen viel Wasser. Darüber hinaus vermeiden Sie das Aussamen der Pflanzen für das nächste Jahr.

Danach werden die Pflanzen zerkleinert und das Beet mit der Grünpflanzenmasse abmulcht.

Die Pflanzenreste arbeitet man im Herbst oder Frühjahr oberflächlich in den Boden ein, damit die Bodenlebewesen mit dem Abbau beginnen können.

3

BODENLEBEN AKTIVIEREN

Ein natürlicher Gartenboden dient Milliarden von Mikroorganismen und Bodenlebewesen als Lebensgrundlage. Sie bewerkstelligen seit Jahrtausenden die elementaren Umsetzungsprozesse von organischem Material, ohne die ein Pflanzenwachstum nicht möglich wäre. Die Basis für einen Naturgarten ist ein biologisch aktiver Boden mit einer großen Vielfalt an Bodentieren und Mikroorganismen.
Je stärker die natürlichen Bodenmikroorganismen, desto geringer die Gefahr, dass bodenbürtige Krankheitserreger Überhand nehmen und die Pflanzen befallen. Durch eine regelmäßige Zufuhr mit „guten" Mikroorganismen wird der Boden geimpft und gestärkt. Am einfachsten geschieht dies mit garteneigenem Kompost (siehe Seite 24/25).

Mineralisierung

Um- bzw. Abbau von organischem Pflanzenmaterial und Zerlegung in die einzelnen Grundbestandteile (Mineralstoffe), die den Pflanzen dann wieder als Nährstoffe zur Verfügung stehen und über die Wurzel aufgenommen werden. So entsteht ein geschlossener Nährstoffkreislauf. Die Hauptarbeit leisten im Boden lebende Mikroorganismen, wie Hefepilze und Milchsäurebakterien, aber auch Bodentiere, wie Regenwürmer, Insekten und Asseln. Optimale Bedingungen für die Mineralisierung herrschen bei einer Bodentemperatur von 15–25 °C.

Der Boden lebt! Dutzende Regenwürmern, Tausende Insekten und Milliarden von Mikroorganismen leben in einem Quadratmeter Boden.

Hilfsstoffe für den Boden

Produkt	Inhalt	Einsatz
Bodenaktivator	Mit natürlicherweise im Boden vorkommenden Mikroorganismen und Nährstoffen angereicherte Erde oder Kompost	- einsatzfertig, wird auf Boden gestreut - als Kompostersatz - bei neu in Kultur genommenen Gärten
Kompoststarter	Mit natürlicherweise im Boden vorkommenden Mikroorganismen und Nährstoffen angereicherte Erde oder Kompost	- einsatzfertig, wird auf Kompost gestreut - als Kompostersatz - für Blumenkästen oder Pflanzkübel
Effektive Mikroorganismen (EM)	Extrakt aus natürlicherweise im Boden vorkommenden Mikroorganismen, Kräutern und Nährstoffen	- wird mit warmem Wasser und Melasse zur Vermehrung der Bakterien angesetzt - gießen oder spritzen des Bodens (Bodenaktivierung) - besprühen der Pflanze (Stärkung)
Bacillus subtilis	Spezieller Bakterienstamm zur Bodengesundung, gegen bodenbürtige Pilzkrankheiten	- beizen von Gemüsesaatgut oder Zwiebelpflanzen - tauchen der Wurzeln
UrFerment	Gebrauchsfähige Brennnessel, Kräuter und Gesteinsmehl	- Pflanzenbrühe zur natürlichen Düngung und Stärkung

Humifizierung

Prozess der Humusbildung bei der Kompostierung. Organische Substanz wird von Bodenlebewesen um- und abgebaut. Humus hat eine dunkelbraune Farbe und je nach Grad der Kompostierung sind teilweise noch Bestandteile der Ausgangssubstanz erkennbar. Siehe auch Dauerhumus und Nährhumus auf Seite 20.

Wer aber beispielsweise in einem kleinen Garten, auf Balkon- oder Terrasse nicht selbst kompostieren kann, sollte auf diese Vorteile trotzdem nicht verzichten. Neben zugekauftem Kompost, hält der Fachhandel auch eine Reihe von Bodenaktivatoren bereit.

Regenwürmer kaufen?

Mitunter werden im Handel gezüchtete Regenwürmer für den Kompost oder die Gartenbeete angepriesen. Viel kostengünstiger ist es jedoch, wenn Sie diesen Nützlingen zuerst den Tisch reichlich decken, dann kommen sie von selbst. Denn so einfach arbeitet die Natur: Wenn reichlich Nahrung vorhanden ist, dann stellen sich die „Fresser“ von selbst ein. Bringen sie deshalb ausreichend Ernterückstände (Pflanzenreste, Rasenschnitt, Herbstlaub) auf neuen Gartenflächen aus. Sie werden staunen, wie schnell sich Regenwürmer ansiedeln und vermehren! Ein beeindruckendes Naturschauspiel bietet sich, wenn der Regenwurm Laubblätter rollt und sie stehend in seine Gänge zieht, um sie dort genüsslich zu verspeisen!

Regenwürmer und Insekten bei der Kompostbereitung. Sie lieben organische Reste und veredeln sie zum „Schwarzen Gold“ des Gartens.

4

Kompost selbst gemacht

Unverzichtbar für einen Naturgarten ist die Bereitung von garteneigenem Kompost. Auf diese Weise lässt sich ein nahezu geschlossener Nährstoffkreislauf realisieren. Denn alle Pflanzenreste, die im Laufe eines Jahres in Garten und Haushalt anfallen, werden kompostiert und stehen den Pflanzen als Dünger und Bodenverbesserer wieder zur Verfügung.

Garteneigener Kompost wird nicht umsonst auch „Schwarzes Gold“ genannt. Nur mit Kompost können Sie alle Pflanzen im Garten bedarfsgerecht ernähren, die Bodenfruchtbarkeit und biologische Aktivität des Bodens verbessern und den Humusgehalt erhöhen. Regelmäßige Kompostgaben sind die beste Basis für einen gesunden Boden und vitale Pflanzen!

Schwarzes Gold selbst gemacht

Ein einfaches Holzgerüst, auf gewachsenen Boden aufgestellt, reicht aus. Der Kontakt zum Boden ist wichtig, denn von dort kommen die nützlichen Helfer, wie Mikroorganismen und Regenwürmer, in das Kompostmaterial. Zuerst grobes Material, wie Äste, Wurzeln und Gemüsestrünke, einfüllen. Dann kommt das Wichtigste: Die verschiedenen Pflanzenreste (holzige und krautige) sowie Küchenabfälle (kein Fleisch, nichts Gekochtes!) mischen und lagenweise aufschichten. Durch das lockere Aufschichten wird eine

Kompostieren ist ganz einfach

Trotz Vorbehalten wie „selbst kompostieren sei schwierig, stinkt“ oder „zieht Ungeziefer an“, ist das Kompostieren in Wirklichkeit ganz einfach, denn die Natur macht es uns schon seit Tausenden von Jahren vor. Beispiel Wald: Alle Blätter, die im Herbst von den Bäumen fallen, sind spätestens im nächsten Frühjahr von den Bodenlebewesen verzehrt, umgebaut und mineralisiert. Und wenn Sie die Natur zum Vorbild nehmen, dann klappt das auch mit dem Kompost!

Kompostieren leicht gemacht: Dünne Lagen verschiedenster organischer Materialien wechseln sich ab, immer „geimpft“ mit einer Handvoll guter Gartenerde.

Aus Schnittgut und Samen entwickelt sich auf dem Kompost manchmal eine überraschende Bepflanzung.

Entdeckertipp

Tauschen Sie eine Seite Ihres Holzkomposters durch eine Plexiglasscheibe aus und beobachten Sie mit den Kindern, was passiert. Sie werden staunen!

ausreichende Sauerstoffzufuhr gewährleistet. Auf jede Lage zwei Handvoll reifen Kompost oder Gartenerde verteilen. So wird das Material mit Milliarden von kleinen Helfern (Mikroorganismen) beimpft, die sich dann voller Freude an die Arbeit machen! In Trockenzeiten gießen nicht vergessen – auch Mikroorganismen haben Durst! Sie werden sehen, schon im nächsten Frühjahr haben die vielen kleinen Helfer die Pflanzenreste in dunkelbraunen, erdig riechenden Kompost umgewandelt. Diesen können Sie durch ein großes Sieb geben. Alles, was noch nicht zersetzt ist, kommt noch einmal in den neuen Kompost. So wiederholt sich der Naturkreislauf von neuem.

Natürliche Düngung

In vielen Gärten wird mehr Mineraldünger eingesetzt als nötig ist. Deren Produktion ist energieaufwendig und bei der Ausbringung können klimaschädliche Gase in die Atmosphäre entweichen. Viel einfacher ist es, den Nährstoffbedarf der Pflanzen mit garteneigenem Kompost zu decken. Aus vielen Versuchen ist bekannt, dass 3 – 5 l Kompost / m^2 und Jahr ausreichen, um alle Gartenpflanzen bedarfsgerecht zu ernähren! Darüber hinaus werden das Bodenleben und die biologische Aktivität gefördert. Und wir alle wissen: Ein gesunder Boden ist die beste Basis für gesunde Pflanzen! Garteneigener Kompost ermöglicht einen geschlossenen Nährstoffkreislauf, ist leicht herzustellen und völlig kostenlos!

Alle organischen Reststoffe verbleiben im geschlossenen Nährstoffkreislauf. Durch die Kompostierung entsteht natürliche Pflanzennahrung und Futter für ein biologisch aktives Bodenleben.

Wasser im Garten

Wasser ist das Grundelixier des Lebens. Ohne „blaues Gold" gäbe es keine Pflanzen, keine Tiere und keine Menschen auf der Erde. Seine erfrischende und beruhigende Seite zeigt das Wasser in einem stillen Teich oder einem munter plätschernden Bachlauf.

WASSER BRINGT LEBEN

Wasser ist ein lebensnotwendiges Gut für alle Lebewesen. Bäume und Sträucher, Kräuter, Blumen und Gräser nehmen das Wasser und die darin gelösten Nähr- und Mineralstoffe mit ihren Wurzeln aus der Erde auf und transportieren es hinauf zu den grünen Blättern.

Ein Teil des Wassers wird in der Fotosynthese chemisch aufgespalten, um daraus Zuckerverbindungen herzustellen, die die Pflanze ernähren. Ein anderer Teil verdunstet über die Spaltöffnungen auf den Blattunterseiten und erhöht die Luftfeuchtigkeit. Weil beim Verdunsten Kälte entsteht, heizt sich eine grüne Rasenfläche auch im Hochsommer nicht auf und fühlt sich angenehm kühl an. Die Wirkung dieser Verdunstungskälte spüren Sie auch, wenn Sie unter einer begrünten Pergola sitzen oder in einem sommerlichen Wald spazieren gehen.

Gießen muss sein

Weil die Pflanzen ständig Wasser verbrauchen, müssen Sie im Garten dafür sorgen, dass es ihnen auch fortlaufend zur Verfügung steht. Doch auch unsere Trinkwasservorräte sind nicht unerschöpflich, das haben Sie in besonders heißen, trockenen Sommern sicher schon bemerkt. In manchen Regionen durfte während solcher Wetterperioden beispielsweise der Rasen nicht bewässert werden. Aufgrund der Klimaveränderungen müssen wir damit rechnen, dass dies zukünftig häufiger der Fall sein wird. Darum ist es umso wichtiger, schon heute Regenwasser zu sammeln und wassersparend zu nutzen. Welche Möglichkeiten es dazu gibt, erfahren Sie auf den nächsten Seiten.

Wunderbare Wasserwelten

Wasser ist nicht nur für die Pflanzen lebensnotwendig, es lockt auch vielfältiges Tierleben in Ihren Garten. Ein Gartenteich schafft eine wohltuende Atmosphäre in Ihrer grünen Oase und ist nach einem stressigen Arbeitstag Balsam für die Seele. Wenn Sie sich an der bezaubernden, friedvollen und entspannenden Wirkung von Wasser erfreuen mögen, so bieten sich Ihnen verschiedene Wasserelemente an. Neben einem klassischen Gartenteich, der sogar zum Schwimmteich ausgebaut werden kann, können Sie je nach der Größe und Lage Ihres Gartens auch einen Bachlauf, eine sprudelnde Quelle oder einen Quellstein installieren. Haben Sie nur wenig Platz, sorgt ein Miniteich im Bottich oder Zuber mit kleinen Wasserpflanzen für Erfrischung.

Bausteine für lebendiges Wasser

5 Regenwasser sammeln

6 Wassersparend gießen

7 Wasserwelten anlegen

An einem kleinen Teich oder plätschernden Bach lassen sich Libellen und Wasserhüpfer beobachten.

Für die heimischen Tiere und Pflanzen sind Gartenteiche mittlerweile ein wichtiger Lebensbereich, gibt es in unserer aufgeräumten Kulturlandschaft doch immer weniger natürliches Nass: Dorfteiche mit quakenden Fröschen oder sich auf natürliche Weise durch Wiesen schlängelnde Bächlein werden rar. Der Rückgang gerade von Arten, die in diesen Biotopen leben, zeigt dies deutlich. Bieten Sie einer Fülle von Pflanzen und Tieren, die sonst bei uns verschwinden würden, an Ihrem Teich einen neuen Ersatz-Lebensraum. Somit haben Sie neben der entspannenden Wirkung für sich selbst auch noch etwas Gutes für die Natur getan.

Schluckspecht

Ein großer Baum verbraucht an einem heißen, trockenen Sommertag bis zu 1000 l Wasser. Glücklicherweise sind die Bäume im Garten meist kleiner und verdunsten folglich auch deutlich weniger Wasser. Dennoch ist der Wasserbedarf an heißen, trockenen Tagen enorm.

Wasser wird im Garten immer gebraucht.

5

Regenwasser sammeln

Für uns ist es selbstverständlich geworden, dass wir stets genügend Wasser in allerbester Trinkqualität zur Verfügung haben. Wassermangel und Dürre kennen wir bisher nur aus den Medien und meist aus fernen Ländern. Doch spätestens seit 2003 sind solche Bilder auch aus Deutschland bekannt: der Rhein mit historischem Tiefststand, vertrocknete Getreidefelder in der Landwirtschaft. Wetterextreme mit längeren Trockenphasen nehmen offensichtlich zu. Weil Trinkwasser teuer und kostbar ist, bietet es sich an, zur Gartenwässerung Regenwasser zu sammeln. Das ist auch die Wahl auf allen Grundstücken, die über keinen Wasseranschluss verfügen. Regenwasser ist …

- kostenlos,
- kalkfrei
- und lässt sich gut bevorraten.

Alle Pflanzen brauchen Wasser zum Leben. Während Blumen schon rasch eine zu geringe Wasserversorgung durch Welken anzeigen, sehen Sie Wasserstress bei Bäumen und Sträuchern oft erst Monate später. Die Nadel- oder Laubblätter fallen vorzeitig ab, die Pflanzen wachsen schlecht und werden anfällig für Schädlinge und Krankheiten. Im Gegensatz dazu treten Pilzerkrankungen vermehrt auf, wenn die Blätter zu lange nass bleiben. Das kommt besonders häufig bei gepflegten Rasenflächen vor. Menschen waren schon immer erfinderisch, wenn es darum ging, Wasser zu sammeln. Nehmen Sie das zum Vorbild und schauen Sie in Ihrem Garten, wo sich Möglich-

Begrünte Dächer speichern Regenwasser und führen es verzögert der Entwässerung zu. Dickblattgewächse eignen sich bestens zur Bepflanzung.

Es müssen nicht immer Regentonnen aus Kunststoff sein. Alte Weinfässer haben einen besonderen Charme.

Regenwasser soll da versickern, wo es fällt!

Es wäre sinnvoll mehr Dachflächen über den Garten zu entwässern, entweder als Gießwasser oder zur Versickerung vor Ort. Leider ist diese nachhaltige und umweltschonende Maßnahme noch viel zu wenig verbreitet. Regenwasser, das am Ort des Niederschlags verbleibt, wird dem natürlichen Wasserkreislauf wieder zugeführt und fördert die Grundwasserneubildung. Bei Starkregen gelangt es nicht in die Kanalisation oder Flüsse und verringert so die Hochwassergefahr. Eine Dachflächenentwässerung liefert Ihnen kostenloses Gießwasser und Sie können sogar Abwassergebühren sparen. Erkundigen Sie sich bei Ihrer Gemeinde nach Fördermöglichkeiten.

keiten zum Regenwassersammeln anbieten. Es eignen sich beispielsweise Dachflächen von Wohnhäusern, Garagen oder Gartenhäusern. Im Handel erhalten Sie spezielle Abzweigventile für Regenwasserfallrohre, mit denen Sie ganz einfach Regenwasser in eine Tonne, unterirdische Zisterne oder einen Sammelbehälter leiten können. Bevorzugen Sie Regentonnen mit Überlaufsystem. So verhindern Sie je nach Standort einen ärgerlichen Wasserschaden.

Regenwassertonnen sollten zum Schutz für Kinder mit einem Deckel abgedeckt werden. Gleichzeitig wird so die Algenbildung verringert.

Ein Rechenbeispiel

Am Beispiel von Neustadt an der Weinstraße erkennen Sie die Effektivität des Wassersammelns:
Die Niederschlagsmenge im langjährigen Mittel beträgt 643 mm (1 mm = 1 l / m²), davon fallen 338 mm von April bis September. Eine Dachfläche von 1 m² liefert Ihnen also in 6 Monaten (von Anfang April bis Ende September) rund 300 l kostenloses Gießwasser! Ein Gartenhaus mit 10 m² Dachfläche kann etwa 3000 l kostenloses Gießwasser liefern, mit einer Dachfläche von 100 m² sogar 30.000 l und mehr! Dieses Wasser kann kostenfrei genutzt werden, um während der Vegetationsperiode einen Garten in der Region zu wässern.

6

WASSERSPAREND GIESSEN

Eine alte Gärtnerweisheit sagt, dass es zwei Arten gibt, eine Pflanze umzubringen: Entweder man lässt sie verdursten oder man ersäuft sie! Damit das nicht passiert, lesen Sie im Folgenden einige Grundregeln.

Richtig gießen – aber wie?

- Die beste Zeit zum Gießen ist der frühe Morgen, dann können die Pflanzen schnell wieder abtrocknen. Außerdem können Schnecken dann nicht die nächtliche Feuchtigkeit zur Nahrungssuche ausnutzen.
- Wenn möglich, Blätter der Pflanzen trocken halten: Nasse Blätter erhöhen die Gefahr von Pilzerkrankungen (z.B. Sternrußtau, Kraut- und Braunfäule). Wässern Sie daher mit der Gießkanne nur den Boden und stellen Sie den Rasensprenger so ein, dass der Wasserstrahl nicht Ihre Hecken erreicht.
- Besser mit einigen Tagen Abstand reichlich wässern als täglich nur ein wenig. Dadurch dringt das Wasser tiefer in den Boden ein und verdunstet langsamer. Nach dem Gießen sollte der Boden 15 – 20 cm tief gut durchfeuchtet sein (probeweise nachgraben). Dafür brauchen Sie etwa 20 l / m².

Gießwasser können Sie sparen, indem Sie zusätzlich das Wasserhaltevermögen Ihres Bodens verbessern. Bei sandigen Böden sollten Sie den Humusgehalt durch organisches Material (Kompost) erhöhen. Auf schweren Böden lockert Humus den Boden auf, sodass das Gieß- und Regenwasser schneller einsickert.
Zudem sollten Sie die Verdunstung des Wassers verringern. Eine Gärtnerregel besagt, dass einmal hacken dreimal gießen spart. Mulchen Sie mit organischem Material, wie Rasenschnitt, Häcksel oder Rindenmulch (siehe Seite 18 / 19). Auch eine Beschattung des Bodens verhindert das Austrocknen. Verwenden Sie am besten wassersparende Bewässerungssysteme, wie Tröpfchenbewässerung oder Mikrosprinkler. Diese Investitionen werden sich zukünftig lohnen.

Eine Tropfbewässerung wirkt direkt im Wurzelbereich und lässt sich sogar per Computer steuern.

Sparsam wässern auch im Balkonkasten!

Balkonkästen und Töpfe haben nur ein begrenztes Erdvolumen. Im Sommer ist die Speicherkapazität schnell erschöpft und die teuren Pflanzen verdursten! An einem sonnigen, heißen Tag braucht eine Pflanze bis zu 2 l Wasser; das sind dann bei einem üblichen Balkonkasten rund 10 l!
Für die automatische Bewässerung stehen im Handel zwei Systeme zur Verfügung:

- **Spezielle Balkonkästen mit Wasservorratsbehälter, in denen das Wasser über Dochte angesaugt wird.**
- **Tropfsysteme mit drei bis fünf Tropfstellen pro lfm: Steuerung über Sensor, der Feuchtigkeitsgehalt der Pflanzerde erfasst.**

Tröpfchenbewässerung

Gerade im naturnahen Garten ist ein sparsamer und effektiver Umgang mit dem „Lebensmittel“ Wasser notwendig. Viele

Gartenfreunde sind zudem der allabendlichen Wasserschlepperei überdrüssig: eine eingebaute Zusatzbewässerung muss her. Die Tröpfchenbewässerung hat zahlreiche ökologische und ökonomische Vorteile: Weniger Pilzkrankheiten treten auf, weil nur Boden und Wurzelbereich nass werden und die Blätter trocken bleiben. Durch den Einsatz selbstregulierender Tropfsysteme wird das Wasser gleichmäßig verteilt. Zudem entfällt an heißen und / oder windigen Tagen die uneffektive Wasserverdunstung. Rasenflächen können jederzeit gewässert werden, auch wenn die Kinder darauf spielen. Gegenüber der üblichen Überkopfberegnung sparen Sie 30 – 50 % Wasser!
Die Schläuche lassen sich leicht im Boden verlegen, sind aber auch oberirdisch einsetzbar. Sogar Brauchwasser können Sie nach entsprechender Filterung in das Bewässerungssystem einlaufen lassen. Ideal ist die Tröpfchenbewässerung für terrassiertes Gelände sowie auf schwierigen Flächen, auf denen Kreisregner nicht zum Einsatz kommen können, etwa in der Nähe von Grundstücksgrenzen, Straßen oder Hauswänden. Damit das System 20 Jahre und länger hält, müssen die Leitungen regelmäßig entkalkt werden.

Vorteile eines wassersparenden Bewässerungssystems

- **deutliche Verringerung des Wasserverbrauchs**
- **verlustfreier Transport an den Ort des Verbrauchs (Wurzel)**
- **anwenderfreundlich und automatisierbar, auch bei Abwesenheit (Urlaub)**
- **universell einsetzbar (Gehölze, Stauden, Rasen, terrassierte Beete, Hanglagen)**

Vermeiden Sie beim Gießen Wassertropfen auf den Blättern, das kann zu Verbrennungen führen.

7

WASSERWELTEN ANLEGEN

Gründe für einen natürlich gestalteten Teich in Ihrem Garten gibt es viele: Kaum ein Gestaltungselement ist so dekorativ und lebendig wie ein Gartenteich, an dem sich Libellen und Wasserläufer zwischen bunten Uferpflanzen tummeln. Lassen Sie beim Blick über die Wasserfläche die Seele baumeln oder erleben Sie hautnah das Zusammenwirken von Tieren und Pflanzen mit. Nebenbei haben Sie ein wertvolles Ersatzbiotop für die unzähligen Gewässer geschaffen, die in der freien Natur im Lauf der letzten Jahrzehnte zugeschüttet wurden. So einfach bekommen Sie ein Stück Natur in Ihren Garten!

Die schönsten Pflanzen für den Teichrand

- **Blutweiderich (*Lythrum salicaria*) mit lila Blütenkerzen**
- **Fieberklee (*Menyanthes trifoliata*) mit hübschen, sternförmigen Blüten**
- **Froschlöffel (*Alisma plantago-aquatica*)**
- **Pfeilkraut (*Sagittaria sagittifolia*) mit aparten Blättern**
- **Schwanenblume (*Butomus umbellatus*) mit filigranen Blütenständen**
- **Sumpf-Schwertlilie (*Iris pseudacorus*) mit attraktiven, gelben Blüten**
- **Wasser-Minze (*Mentha aquatica*), verführerisch duftend**

Ein Gartenteich fügt sich herrlich in das gesamte Gartenbild ein.

Für Kinder ist Wasser geradezu ideal: Es lädt zum Spielen, Beobachten und Erkunden ein.

Klein, aber oho – Wasser im Kübel

Im kleinsten Garten, aber auch auf Balkon und Terrasse wird ein Miniteich zum Blickfang. Als Gefäß eignen sich glasierte Schalen oder Mörtelkübel aus dem Baumarkt. Bepflanzen Sie das Gefäß hinten mit größeren, vorne mit niedrigen Pflanzen oder einer kleinwüchsigen Seerose. Eine Unterwasserpflanze sorgt für den nötigen Sauerstoff.

Der Klassiker: ein Gartenteich

Dank moderner Materialien war es noch nie so einfach, einen Gartenteich anzulegen. Je größer Ihr Teich ist, umso natürlicher wirkt er. In großen Teichen sind zudem die Wassertemperaturen stabiler, was günstig für Tiere und Pflanzen ist. Ihr Gartenteich darf aber auch nicht zu groß sein – mehr als ein Drittel Ihres Gartens sollte er nicht einnehmen. Achten Sie schon beim Bau darauf, dass die Uferbereiche sanft zum Wasser hin abfallen. Nur so können Igel und andere Tiere, die in den Teich hineingefallen sind, wieder herauskrabbeln.
Zur Bepflanzung der ausreichend großen Sumpf- und Uferzone eignen sich fast alle heimischen Wasser- und Sumpfpflanzen. Der Star unter den Wasserpflanzen ist die Seerose. Sie gedeiht am besten in ruhigem, sonnigem Wasser. Eine Stelle am Ufer sollte frei von Pflanzenbewuchs sein: Dort sonnen sich gern Libellen, während Schmetterlinge und Vögel zum Trinken landen. Lurche, Wasserinsekten und andere Tiere siedeln sich von allein in Ihrem Teich an. Sie brauchen nur zu warten. Wenn Ihnen an Fischen gelegen ist, sollten Sie auf Goldfische oder Kois verzichten und stattdessen heimische Fischarten, wie Bitterling, Elritze oder Moderlieschen, wählen. Für genügend Sauerstoff im Wasser sorgen Unterwasserpflanzen, wie Wasserstern (*Callitriche*), Tausendblatt (*Myriophyllum*) oder Wasser-Hahnenfuß (*Ranunculus aquatilis*), zwischen denen Wassertiere auch gute Versteckmöglichkeiten finden.

Naturerlebnis + Baden = Schwimmteich

Wenn Sie viel Platz in Ihrem Garten haben und zu den Badenixen gehören, bietet sich ein Schwimmteich an. Neben einer ausreichend großen, rund 2 m tiefen Wasserzone, die zum Baden einlädt, brauchen Sie auch eine ebenso große Sumpffläche. Im 10 – 100 cm tiefen Wasser gedeihen Wasserknöterich (*Persicaria amphibia*), Seekanne (*Nymphoides peltata*), Hechtkraut (*Pontederia cordata*), Tannenwedel (*Hippuris vulgaris*) und Sumpfkalla (*Calla palustris*), die das Teichwasser reinigen und regenerieren. Sie stellen auch einen schönen Übergang zum übrigen Garten her.

Wasserspiele

Dekorativ und entspannend zugleich wirkt belebtes Wasser in einem Quellstein oder einem Wasserspeier. Damit können Sie etwa einen Sitzplatz aufwerten. Befindet sich Ihr Garten in einem Hanggelände, so können Sie einen Bachlauf anlegen. Dort läuft das Wasser in mehreren Wasserfällen über kleine Stufen hinunter.

Werkstoffe und Materialien

Im Freizeitgartenbereich in Deutschland werden jährlich rund 15 Milliarden Euro umgesetzt. Besonders das Segment für umwelt- und klimaschonende nachhaltige Produkte ist in den letzten Jahren deutlich breiter geworden. Die Natur ist also längst auch im Handel angekommen.

Aus der Region – für die Region

Im Rahmen des internationalen Handlungsprogrammes Lokale Agenda 21 wurde 1992 der Slogan „Denke global, handle regional“ geschaffen. In Zeiten einer weiterhin zunehmenden Globalisierung ist dieser Slogan aktueller denn je und ein wichtiges Instrument für Nachhaltigkeit.

„Aus der Region – für die Region“ – mit diesem Werbeslogan arbeiten verschiedene Verbraucherinitiativen und Lebensmittelketten in ganz Deutschland. Die regionale Gastronomie und der Tourismus haben diese Entwicklung vielerorts schon mit großem Erfolg aufgegriffen. Ziel ist die Produktion und Vermarktung regionaler Produkte, die weitestgehend vor Ort verarbeitet und konsumiert werden. Darüber hinaus wird der Dialog zwischen Stadt und Umland verbessert mit dem Ziel, regionale Wirtschaftskreisläufe zu stärken. Das gilt nicht nur für Lebensmittel, sondern auch für Werkstoffe und Materialien, die Sie in Ihrem Garten einsetzen können.

Die Kenntnis dieser Zusammenhänge fördert das Umweltbewusstsein; jeder Einzelne kann einen aktiven Beitrag zum Klimaschutz und zu einer nachhaltigen Entwicklung leisten. Das regionale Engagement der Bewohner trägt entscheidend zur Identifikation mit der eigenen Region bei. Und die wird bei der weiter zunehmenden Globalisierung von Wirtschaft und Gesellschaft immer bedeutsamer.

Regionale Produkte sind in

Das hat viele Gründe:

> Die Unterstützung von heimischen Betrieben sichert Existenzen.

> Regionale Produktion, Verarbeitung und Vermarktung erlauben Einblicke in alle Bereiche. Das schafft Vertrauen in die Herkunft der Produkte.

> Heimische Landwirtschaft erhält und pflegt die hiesige Kulturlandschaft.

> Die Entscheidung für regionale Erzeugnisse, Produkte und Dienstleistungen sichert Arbeitsplätze und Kaufkraft in der Region.

> Kurze Transportwege sparen wertvolle Ressourcen, mindern klimaschädliche Abgase und dienen so dem Klimaschutz.

> Frischer geht es bei Lebensmitteln nicht: Die Nähe von Erzeuger und Verbraucher garantiert frische Ware bei bester Qualität.

Bausteine für geeignete Materialien

8 Heimisches Holz

9 Naturstein

Auch bei Gartenmöbeln gibt es umweltverträgliche Alternativen.

Natursteine bieten reichlich Möglichkeit zur Gestaltung.

Sie als Verbraucher haben es in der Hand, welche Produkte im Handel angeboten werden. Denn der Handel bietet das an, was nachgefragt wird. Darin liegt auch eine große Chance: Durch Ihr Kaufverhalten können Sie das Angebot auch in Baumärkten mitbestimmen. Achten Sie auf Herkunftslabels und regionale Markenzeichen und nutzen Sie Naturmaterialien aus der Region! Verwenden Sie heimische Gesteine und Holzarten, um Ihren Garten zu gestalten. Mit der Wahl der richtigen Materialien können Sie mehr Natur in Ihren Garten holen. Steine oder Zaunpfähle aus Beton sind zwar vollständig recycelbar, erfüllen aber nicht die ästhetischen und nachhaltigen Anforderungen eines Naturgartens. Das gilt auch für Pflanzgefäße, Hochbeete oder Beeteinfassungen aus Kunststoff, die darüber hinaus eine ungünstige Energiebilanz haben und nicht in den Naturkreislauf zu integrieren sind.

Kleine Dinge, große Wirkung

Das können Sie tun	Vorteile
Pflanzen regionaler Baumschulen und Gärtnereien kaufen	An die Region angepasste Lokalsorten sind vorrätig wie etwa 'Meckenheimer Frühe', lokale Süßkirschensorte aus Meckenheim / Pfalz
Gartennetzwerke wie www.gartennetz-deutschland.de oder www. nutzpflanzenvielfalt.de nutzen	Austausch von regionaltypischem Saatgut sowie alten und robusten Pflanzenarten und -sorten
Pflanzentauschbörsen und -märkte besuchen	Austausch von regionalen standortgerechten Pflanzen
Informationen örtlicher Obst- und Gartenbauvereine nutzen	Wissenstransfer: Informationen über spezielle Kulturverfahren oder Sortimente sowie allgemeines Gartenwissen bleibt erhalten
Heimische Stachelbeeren bevorzugen	Herb-aromatische Fitfrucht mit angenehmer Säure als Ersatz für Import-Kiwis im Sommer
Sauerkraut statt Südfrüchte	Wärmendes Gemüse mit hohem Vitamin-C-Gehalt als Ersatz für Südfrüchte im Winter

8

Heimisches Holz

Holz wird in vielfältiger Form im Garten eingesetzt. Besonders geeignet dafür sind die gerbstoffhaltigen Hölzer der Edel- oder Ess-Kastanie (*Castanea sativa*) sowie der Robinie (*Robinia pseudoacacia*). Beide sind auch wichtige Bienenweide- und Honigpflanzen.
Viele nachhaltige Gründe sind ausschlaggebend für eine bevorzugte Verwendung dieser beiden Arten im Naturgarten:

- Das sehr gerbstoffreiche Holz (8 – 15 %) ist fäulnisresistent und langlebig.
- Beide Baumarten wachsen in Europa als landschaftsprägendes Element, d.h. sie sind Bestandteil unserer Kulturlandschaft und über kurze Transportwege verfügbar.
- Stockausschläge der Edel-Kastanie wachsen „kerzengerade" in die Höhe und können nach fünf bis zehn Jahren leicht geschlagen werden, wenn die jeweilige Pfahlstärke erreicht ist.
- Kastanien- und Robinienpfähle mit ihrer naturnahen Optik brauchen keine Imprägnierung mit schwermetallhaltigen, umweltproblematischen Imprägniersalzen! Im Gegensatz zu imprägnierten Pfählen, die über den Sondermüll teuer entsorgt werden müssen, können Kastanienpfähle unbedenklich als Brennholz weiterverwendet werden.

Für eine längere Haltbarkeit

- **Gerbstoffreiche, heimische Hölzer, wie Robinie und Edel-Kastanie, bevorzugen.**
- **Konstruktive Holzschutzmaßnahmen einsetzten: Schnittflächen anschrägen, damit Wasser schneller abfließen kann oder kleine Blechdächer als Regenschutz verwenden.**
- **Pfähle in verdichtetes Schotterfundament einpassen, so wird der Bodenkontakt und einziehende Feuchtigkeit vermieden.**

Naturbelassene Holzzäune aus gerbstoffreichen Hölzern sind langlebig auch ohne Imprägnierung!

Wie lange hält Holz im Garten?

Wer im Naturgarten auf imprägnierte Hölzer oder Tropenholz verzichten will, wählt als Alternative gerbstoffhaltige, fäulnisresistente heimische Holzarten. Unter diesen gibt es Hölzer und Baumarten, die ohne jegliche Konservierungsmaßnahme (z.B. Kesseldruckimprägnierung) über viele Jahre ihren Gebrauchswert bei einer Verwendung im Freien beibehalten und eine beachtliche Haltbarkeit aufweisen.
So findet man in der Gruppe der sehr dauerhaften Holzarten neben den bekannten tropischen Nutzhölzern wie Teak, Makore oder Bangkirai auch die in Europa seit langem beheimatete Robinie und Edel-Kastanie. Beide Hölzer besitzen unschlagbare technische Eigenschaften: Sie sind sehr hart, elastisch und mit wenig Schwund. Damit gehören sie zu den wertvollsten europäischen Nutzhölzern und sind ein gleichwertiger Tropenholzersatz. Nebenbei trägt die Verwendung dieser beiden Holzarten also auch zum Erhalt der tropischen Regenwälder bei.

Auch Weiden gehören zu den heimischen Gehölzen. Aus ihnen lassen sich kinderleicht Rankgerüste, Tipis oder Tunnel bauen.

Lebensverlängernde Maßnahmen

Beim **Thermoholz** wird das Holz durch eine Wärmebehandlung haltbar gemacht. Mit dieser Methode erhalten etwa heimische Esche oder Buche eine vergleichbare Haltbarkeit wie das tropische Bangkirai-Holz. Durch die hohen Temperaturen dunkelt das Holz nach und ähnelt optisch den Tropenhölzern. Beim sogenannten **Dauerholz-Verfahren** erfolgt die Konservierung und Haltbarmachung durch eine vollständige Durchtränkung des Holzes mit Paraffinöl. Dieses Verfahren schützt das Holz vor Nässe, Fäulnisbildung, Insekten und Pilzen.

Eigenresistenz gegen holzzerstörende Insekten und Pilze

Haltbarkeit ohne Imprägnierung im Freien mit Erdkontakt	Baum- / Holzart
sehr dauerhaft, über 25 Jahre	Teak, Makore, Greenheart, Robinie (witterungsbeständigstes Holz Europas)
dauerhaft, 15 – 25 Jahre	Edel-Kastanie, Eiche, Western Red Cedar, Bangkirai, Bongossi, Mahogany
mäßig dauerhaft, 10 – 15 Jahre	Douglasie, Lärche, Kiefer
wenig dauerhaft, unter 10 Jahre	Fichte, Tanne, Ulme
nicht dauerhaft	Birke, Buche, Esche, Linde

Gesicherte Herkunft

Wenn Sie um den Einsatz von Tropenholz nicht herumkommen, dann achten Sie beim Kauf unbedingt auf das von vielen Umweltverbänden anerkannte Siegel des Forest Stewardship Council (FSC). Es garantiert Holzprodukte aus ökologisch und sozial gerechter Waldwirtschaft. Der beste Schutz des Regenwaldes unter dem Aspekt der Nachhaltigkeit ist der Ersatz der Tropenhölzer durch heimische Laubhölzer, durch innovative Verfahren veredelt, aus zertifizierter, nachhaltiger europäischer Waldbewirtschaftung.

9

NATURSTEIN

Im Garten werden Steine seit Menschengedenken zur Abgrenzung, Einfriedung bzw. Landschafts- und Gartengestaltung verwendet. Erst mit dem Beginn der industriellen Revolution konnten großtechnisch neue Baustoffe wie Bims- oder Betonsteine in großen Mengen hergestellt werden, die den Naturstein verdrängt haben.

Vielfalt heimischer Gesteine

Mittlerweile erleben Natursteine eine Renaissance aufgrund ihrer individuellen Optik. Deutschland ist geologisch gesehen ausgesprochen vielfältig und abwechslungsreich. Jede Region hat ihren Naturstein, der ihr ein typisches und unverwechselbares Erscheinungsbild gibt. Von jeher haben diese Steine auch für die Region gestanden, in der sie gewonnen und bevorzugt verbaut wurden, wie beispielsweise Basaltlava aus der Eifel, Granit aus Schwarz- und Odenwald oder Andesit aus dem Harz.
Aufgrund der hohen Nachfrage wird Naturstein in der Dritten Welt unter nicht akzeptablen Arbeitsbedingungen gewonnen und nach Europa exportiert. Ähnlich wie beim Tropenholz gibt es auch bei Steinen solche aus kontrollierter und zertifizierter Herkunft. So bietet die Zertifizierungsinitiative „XertifiX" Natursteine aus Indien ohne Kinderarbeit an.

Natursteine geben Bauten im Garten einen unverwechselbaren Charakter und bieten Unterschlupf für viele Nützlinge.

> Achten Sie beim Kauf von Steinen für den Naturgarten auf die Herkunft.
> Bevorzugen Sie bei Importen Steine aus zertifiziertem Abbau.
> Die nachhaltigste Lösung: Verbauen Sie im Garten nur Steine aus der Region. Die haben die beste Energiebilanz durch kurze Wege und geben dem Garten einen individuellen, landschaftstypischen Charakter.

Der Klassiker: die Trockenmauer

Man kann sie durchaus als Klassiker bezeichnen, die Trockenmauer aus regionalem Gestein. Neben den vielfältigen Gestaltungsmöglichkeiten und der natürlichen Optik, ist sie als Lebensraum für Nützlinge von Bedeutung. Der Bau einer solchen Mauer ist gar nicht so schwierig. Mit etwas handwerklichem Geschick können Sie sich durchaus daran wagen.

So bauen Sie eine Trockenmauer

Markieren Sie den Verlauf der Mauer mit Holzstäben und Schnur. Damit die Mauer sicher steht, wird ein Fundament aus Kies- oder Schotterschicht (40 cm) erstellt. Nun schichten Sie die Steine mit einer Schräge von mind. 10 % zur Hangneigung. Die Steine müssen optimal an ihren Platz passen und mind. 10 % der Steine sollten durch die ganze Mauerstärke lau-

Größere Findlinge aus der Region lassen sich in jeden Garten einbinden.

fen. Die Mauerstärke einer Trockenmauer muss am Fuß ein Drittel der Mauerhöhe betragen, mindestens aber 30 – 40 cm.
Hinter der Mauer müssen Sie eine Abflussmöglichkeit für abfließendes Oberflächenwasser schaffen (Dränung). Am besten aus lockerem Material, wie Sand oder Kies, bei größeren Mauern aus speziell dafür geeigneten Dränagerohren. Die Mauer hinterfüllen Sie mit Sand, Kies, Schotter und nährstoffarmer Erde, das sorgt für eine schnelle Versickerung von Regenwasser sowie schnelle Trocknung. Als Fugenfüller und zum Ausgleich von Unebenheiten verwenden Sie lehmige Gartenerde.

- Wählen Sie nur nährstoffarme Erden und Substrate, damit die Mauer nicht von starkwüchsigen Wildkräutern überwachsen wird.
- Tipp: Schaffen Sie im Innern größere Höhlen und Nischen als Unterschlupf für Tiere.

Einsatzmöglichkeiten für Natursteine

- **Boden- bzw. Wegebelag: Zierkies, Splitt, Pflastersteine, Terrassenbeläge**
- **Beetabdeckung zur Wildkrautunterdrückung: Zierkies, Splitt**
- **Abgrenzung, Einfriedung, Sichtschutz: Palisaden, Randsteine, Trockenmauern, Gabionen**
- **Gefäße aus Stein: Brunnen und Tröge**
- **Langlebige Gartenmöbel und -accessoires: Tische und Bänke, Steinlaternen**
- **Solitärsteine: Findlinge**

Steine im Naturgarten

Anstatt	Besser	Vorteile für Garten und Natur
Gartenwege und Garagen-/ Hofeinfahrten mit Verbundsteinpflaster oder Beton	Natursteinpflaster mit breiten Fugen verlegen	– Versickerung von Regenwasser – Entsiegelung des Bodens – Spontanvegetation oder Bepflanzung der Fugen
Hochbeete aus Kunststoff	Steine aus der Region als Palisaden oder Trockenmauer verbauen	– Langlebigkeit – Refugium für Nützlinge
Beeteinfassungen aus Kunststoff	Steine aus der Region evtl. mit einer lockeren Zwischenbepflanzung aus Buchs	– Ästhetische dauerhafte Lösung

Gärtnern im Klimawandel

Längst ist der Klimawandel zum ständigen Begleiter geworden und kaum ein Tag vergeht, an dem das Thema nicht in den Medien auftaucht. Nicht selten befällt einen das Gefühl der Hilflosigkeit, ja doch nichts ändern zu können. Das Gute vorweg: Es ist gar nicht so schwer, einen Beitrag zum Klimaschutz zu leisten.

Durch eine bewusste Gartengestaltung und -bewirtschaftung können Sie wenigstens einen Teil des klimaschädlichen CO_2, das durch den Transport von Waren entsteht, vermeiden. Wer also seine Lebensmittel im eigenen Naturgarten anbaut und regionale Produkte bevorzugt, verursacht weniger CO_2 und leistet einen aktiven Beitrag zum Klimaschutz. Sicherlich kommen die meisten von uns nicht ohne den wöchentlichen Supermarkteinkauf aus, aber es hilft schon sich bewusst zu machen, wo unsere Lebensmittel herkommen.

Klimafreundlich: Ferien im eigenen Garten

„Ohne meinen Garten sage ich nichts" – denn der ist Ihre klimafreundliche Urlaubsoase! Grenzt der Garten ans Haus, können Sie ihn jederzeit ohne Energieaufwand erreichen. Kleingärten liegen oft so nah, dass Sie zu Fuß oder mit dem Fahrrad dorthin gelangen können.

Damit ist der Garten ein universeller „Urlaubsort", der an jedem freien Abend, Wochenende und im Urlaub schnell erreichbar ist. Weit mehr als jeder „all inclusive"-Urlaub bietet er ein abwechslungsreiches „Fitness-Programm" mit Wellness, Erholung und Entspannung, Spielraum für große und kleine Kinder, soziale Kontakte „über den Gartenzaun", dazu noch leckeres, gesundes Obst und Gemüse – und das Ganze ohne nervenaufreibende An- und Abreise und kaum CO_2-Ausstoß! So günstig und umweltfreundlich können Sie nirgends Urlaub machen!

Garteneigener Kompost ist aufgrund des geschlossenen Nährstoffkreislaufes ein aktiver Beitrag zum Klimaschutz.

So machen die Ferien Spaß: klimafreundlich und spannend im eigenen Garten.

Klimaschonendes Gärtnern

Gegenwart	Zukunft
Werkstoffe aus exotischen Ländern, wie Granit aus Indien oder Teak aus Indonesien	Heimische Werkstoffe, wie etwa Steine aus heimischen Steinbrüchen und Verwendung von Hart- (Eiche, Kastanie) oder Weichhölzern (Fichte) aus Europa
Gartenmöbel aus Kunststoff	Holz-Gartenmöbel aus nachhaltiger Forstwirtschaft
Kauf von Obst- und Gemüse aus Mittelmeerländern oder Übersee	Saisonales Obst- und Gemüse aus dem eigenen Garten oder von regionalen Erzeugern
Einsatz von Handelsdüngern, insbesondere von Volldüngern	Geschlossener Kreislauf durch garteneigenen Kompost: 3 l / m² / Jahr haben eine vergleichbare Düngerwirkung wie 100 g Volldünger / m²
Abtransport von „Gartenabfällen" in grüner Tonne	Verwendung von Laub, Heckenschnitt etc. für Hoch- und Hügelbeet, zum Kompostieren oder Mulchen
Intensiv gepflegter Rasen: Mähgut wird entfernt, Dünger muss zugeführt werden	Extensiver Rasen oder Blumenwiese: Mähgut wird auf der Fläche gehäckselt, es entsteht ein geschlossener Nährstoffkreislauf
Einsatz von synthetischen Pflanzenschutzmitteln, wie Fungizide und Insektizide	Es geht auch ohne, z.B. durch: standortgerechte Pflanzenwahl, robuste, pilzfeste Sorten, natürliche Pflanzenstärkungsmittel, Förderung von Nützlingen, Gemüsenetze und Fallen
Bewässerung mit Trinkwasser	Stattdessen: Auswahl trockenheitsverträglicher Pflanzen, Regenwasser sammeln, wassersparende Bewässerungssysteme, Boden mulchen
Kesseldruckimprägnierte Pfähle (Energieaufwand, schwermetallhaltige Salze)	Pfähle aus gerbstoffhaltigen Hölzern, wie Edel-Kastanie oder Robinie, die ohne Imprägnierung auskommen

Den Garten natürlich gestalten

Schaffen Sie in Ihrem Garten ein Paradies für Mensch und Tier. Im Naturgarten müssen Sie auf nichts verzichten. Ganz im Gegenteil, Sie können mit wenigen Maßnahmen noch mehr Leben an Ihrem Gartentor willkommen heißen.

RASEN, ZAUN UND CO.

Wenn Sie Ihr Traumhaus fertig geplant haben, beginnen Sie am besten gleich mit der Planung Ihres naturnahen Hausgartens. Im Naturgarten können Sie sehr schnell ein kleines Paradies für Mensch und Tier schaffen, wenn Sie schon während der Bauphase mit verschiedenen Arbeiten beginnen.

Ist Ihr Garten hingegen schon angelegt oder möchten Sie hier und dort mehr Natur in Ihren Garten einziehen lassen – kein Problem. Dann übernehmen Sie einfach die passenden, hier geschilderten Ausführungsschritte.

Erste Schritte

Schon beim Hausbau sollten Sie darauf achten, dass der bei den Erdarbeiten anfallende Aushub gleich an die richtige Stelle im Garten kommt. Installieren Sie auch dann schon die notwendigen Elektro- und Wasseranschlüsse im Garten – so sparen Sie Geld, das Sie in eine gute Bodenverbesserung investieren. Säen Sie als erstes eine Gründüngung (z.B. Phazelia, siehe Seite 20) aus. So verhindern Sie das Ausbreiten von Pionierpflanzen.

Bausteine für natürliches Gestalten

- 10 Wegebeläge
- 11 Rasen mal anders
- 12 Einzäunungen – ganz natürlich
- 13 Begrünte Fassaden
- 14 Wilde Ecken
- 15 Gartenhaus oder Pergola?

Bei einem gründlichen Check Up schauen Sie Ihr Grundstück von allen Seiten und im direkten Umfeld an und erkunden dabei nicht nur dessen Größe, sondern auch die Grundstücks- und Geländeform sowie die Bodenart. Verfolgen Sie die Lichtverhältnisse im Tageslauf; achten Sie besonders auf den Schattenwurf von Gebäuden und Bäumen. Nehmen Sie auch den Bestand an vorhandenen Bäumen und Sträuchern auf, der erhalten bleiben soll. Überlegen Sie, wo Sie einen Zaun oder Sichtschutz zu bebauten Nachbargrundstücken oder Straßen benötigen oder wo ein Windschutz zu freien Feldflächen erforderlich ist. Auch Schuppen, Gartenhaus und Mülltonnenplatz müssen mit eingeplant werden.

Auf zum Traumgarten

Nun stöbern Sie erst einmal so richtig in diesem Buch und lassen sich von der Vielfalt der Gestaltungsmöglichkeiten im Naturgarten inspirieren. Erstellen Sie eine Wunschliste für Ihren persönlichen Traumgarten. Legen Sie fest, welche Funktionsbereiche Ihr Garten haben muss: Wo ist der Eingang? Wo kann gefrühstückt oder am Abend gegrillt werden, ohne jemand zu stören? Wo spielen die Kinder? An welchen Platz kommt ein kleiner Obst- oder Gemüsegarten? Beachten Sie bei all diesen Elementen die Sonnen- und Schattensituation. Obst und Gemüse lieben es sonnig, Menschen sollten lieber ein wenig den Schatten suchen. Auf dem Papier zeichnen Sie – möglichst maßstabs-

getreu – alle vorhandenen oder noch geplanten Bauten ein, ergänzen dann Terrasse und Wege, anschließend Rasen und Hecken, Staudenbeete und Nutzflächen, Gartenteich und Trockenmauer. Vergessen Sie auch Ihren Hausbaum nicht!
Dann beginnt der allerschönste Teil – die Bepflanzung. Auch dazu finden Sie in diesem Buch viele Empfehlungen. Suchen sie sich zuerst die Bäume aus, dann geht's schon zu den Sträuchern und der unglaublichen Vielfalt der Stauden und ein- und mehrjährigen Blumen.

Der kompakte Kastanienbaum (*Aesculus carnea*) gibt dem Haus einen optischen Schutz zur Straße.

Rechtliches

Auf Ihrem Grundstück können Sie nicht gänzlich schalten und walten, wie Sie möchten, denn die geltenden Gesetze und Rechte müssen beachtet werden. Fragen Sie im Hinblick auf die Grenzabstände von Bäumen, Sträuchern und Bauwerken sowie der Höhe von Zäunen in Ihrer Gemeinde nach dem Nachbarschaftsrecht. Der Grünordnungsplan informiert Sie über die von manchen Gemeinden erlassenen Bestimmungen zu Zäunen und Gartenmauern. Informieren Sie sich auch, welche Ihrer Gestaltungselemente im Garten genehmigungsbedürftig sind, etwa große Gartenhäuser.

Kleine Gärten wirken optisch größer, wenn man die Pflanzen auf verschiedenen Ebenen blühen und fruchten lässt.

Pinselstrich der Natur

Legen Sie für Ihren Garten einen Blühkalender an. Durch die Wahl bestimmter Pflanzen erhalten Sie so einen ganzjährigen Blühverlauf in harmonischen Farben. Sie können den Pinsel der Farbgestaltung jedoch auch der Natur überlassen.

10

WEGEBELÄGE

Bei der Auswahl der Wegebeläge sind im Naturgarten bezüglich des verwendeten Materials kaum Grenzen gesetzt. Zu beachten ist aber vor der Anlage, welchem Zweck der Weg dienen soll. Denn es ist ein Unterschied, ob man ganzjährig auf schnellstem Weg von A nach B kommen will, im Zweifelsfalle noch mit Schubkarre oder Rasenmäher, oder ob man auf verschlungenen Gartenpfaden wandeln möchte.

Überlegungen zur Gestaltung

Der Boden ist Standort und Lebensraum für Menschen, Tiere und Pflanzen. Doch in Deutschland werden jede Sekunde 15 Quadratmeter fruchtbarer Boden versiegelt, das ergibt eine Fläche von 129 Fußballfeldern jeden Tag. Das sollte man auch beim Anlegen eines Weges im eigenen Garten berücksichtigen und den Anteil der versiegelten Fläche so gering wie möglich halten. Deshalb sollten versiegelte Wege und Flächen auch nur so breit und groß wie nötig sein. Achten Sie darauf, dass anfallendes Regenwasser bei Garageneinfahrten, im Hof oder der Sitzecke an Ort und Stelle versickern kann und nicht in die Kanalisation eingeleitet wird. Dadurch wird es dort konserviert, wo es anfällt. Breite Fugen erleichtern ein schnelles Versickern und bieten sich zur Begrünung mit trittfesten Pflanzen an.

Wiederverwendete Steine und breite Fugen schonen Ressourcen und sorgen für ein größeres Versickerungspotenzial.

Jeder Weg hat einen Anfang und führt zu einem Ziel. Mit einer klugen Wegeführung lassen sich Blickachsen und Strukturen schaffen und Räume gliedern. Für vielbenutzte Hauptwege kann man eine Breite von 1,2 – 1,5 m veranschlagen, für weniger benutzte Wege oder Pfade reichen 60 – 80 cm aus. Hier können oftmals auch Trittsteine oder Rasen- und Mulchwege als gestalterisches Element eingesetzt werden. Zusammenfassend kann man sagen, je weiter entfernt vom Haus, desto schmaler und einfacher können die Wege gestaltet sein.

Ein Weg aus Holzpflaster kann wie ein eigenes Kunstwerk im Garten wirken, da jedes Holzstück in Farbe und Form variiert.

Wege mit hohem Versickerungspotenzial

Natursteinpflaster hat einen individuellen Charakter, da kein Stein dem anderen in Form und Färbung gleicht. Breite Fugen ermöglichen eine gute Versickerung sowie eine standorttypische Spontanvegetation. Gut geeignet für Wege, bei Sitzplätzen mit filigranen Gartenmöbeln ungünstig.

Mulchwege: Es muss nicht immer Pflaster sein – mancher Weg soll ein weicher sein. Das ergibt ein ganz neues Gehgefühl. „Weiche" Werkstoffe wie Rindenmulch, Kies oder Splitt kommen hier zum Einsatz. Solche Wege sind ohne großen Aufwand leicht zu erstellen und verströmen ein natürliches Ambiente. Achten Sie bei diesen Wegen auf eine stabile Einfassung, damit das Material nicht in die Beete gelangt. Etwas aufwendiger als bei gepflasterten Wegen ist allerdings die Pflege und das Entfernen von Pflanzenteilen wie Blüten, Blättern und Früchten.

Rasenweg: Schaffen Sie sich Ihren eigenen Barfußpfad im Garten: nach dem durchblutungsfördernden Gang über Kies und Mulch gönnen Sie sich eine Fußsohlenmassage beim Gang über sanfte Rasenwege. Bodeneben verlegte Randsteine oder Hölzer ersparen das Abstechen der Kanten, sodass nur regelmäßig gemäht werden muss. Am besten plant man solche wenig benutzten Wege direkt in Rasenmäherbreite, dann kann man alles in einem Gang erledigen. Für stärker strapazierte Flächen wie Autoabstellplätze kann man auch auf pflegeleichte Rasengittersteine zurückgreifen. Die in den breiten Fugen eingesäten robusten Gräser geben der Fläche eine Rasenoptik.

Schotterrasen: Werden Rasenflächen öfter mit PKW befahren oder diese darauf abgestellt, ist die Belastung zu groß. Hier bieten sich Schotterrasen an, die der Fläche eine höhere Stabilität geben und so vor Bodenbeschädigungen schützen. Extensive Weg können ebenfalls als Schotterweg angelegt werden. Die Tragschicht besteht aus verdichtetem Schotter oder Splitt, dem ein geringer Erdanteil (etwa 5 %) beigegeben wird. Das ist die Basis für die Einsaat von robusten Gräsern, Kräutern und Stauden, die eine hohe Trittfestigkeit aufweisen.

Einen Weg überlegt zu gestalten hilft Bodenversiegelung zu vermeiden

11

Rasen mal anders

Trittfeste Grasflächen, auf denen Kinder spielen können, gehören fast in jeden Garten. Dieser grüne Teppich muss aber keine monotone Steppe sein: Von Gänseblümchen über Kräuterrasen und Wildblumeninseln bis zur echten Wildblumenwiese gibt es für jeden Geschmack naturnahe Gestaltungsmöglichkeiten, die ein Mehr an Natur in Ihren Garten bringen. Auch ein strapazierfähiger Spiel- und Liegerasen muss nicht ausschließlich aus den üblichen Rasengräsern bestehen. Weiße Gänseblümchen, himmelblauer Ehrenpreis und gelber Löwenzahn sind die ersten Blumen, die von allein die grüne Rasenfläche erobern. Später folgen Günsel und Klee. Wenn Sie diese Wildblumen gedeihen lassen, sieht Ihr Rasen bunter aus und zieht verschiedene Insekten an. Vorsicht bedarf es nur beim Barfußlaufen. Getrost können Sie einen solchen Blumenrasen mähen, am besten auf Höhen von 4 – 6 cm, je niederschlagsärmer umso länger sollte der Rasen sein. Grüne Inseln in Wiesen erhalten Sie, indem Sie diese Flächen regelmäßig auf 4 cm Höhe kürzen.

Duftender Kräuterrasen

Wesentlich pflegeleichter und ökologisch wertvoller ist der Kräuterrasen. Fertige Mischungen, die neben verschiedenen Gräsern auch niedrig bleibende duftende Kräuter und bunte Wildblumen enthalten, bekommen Sie im Fachhandel. Da diese Pflanzen auf anderem Boden gedeihen als die üblichen Rasengräser, müssen Sie den Boden vor der Aussaat abmagern, etwa durch Zugabe von Quarzsand.
Dann heißt es für Sie im Sommer Rasenpflegearbeiten ade, stattdessen stehen Genießen und die Vielfalt der tierischen Besucher beobachten auf dem Plan. Einen Kräuterrasen müssen Sie nämlich nur in extrem trockenen Perioden wässern sowie zwei- bis dreimal im Jahr mähen. Das Mähgut bleibt liegen, Düngen und Vertikutieren entfällt ganz. Einziges Manko: Rasenflächen aus duftenden Kräutern sind nicht so trittfest und vertragen einen regelmäßigen Schnitt nicht. Möchten Sie Ihren bestehenden Rasen umwandeln, so können Sie Kräuterrasensamen nachsäen. Dann sollten Sie aber auf jegliche Düngung verzichten.

Kleine Blumeninseln auf flächigem Grün: Das könnte der erste Schritt weg vom Einheitsrasen auch für Sie sein.

Es grünt so grün …

Selbst wenn Sie auf einen grünen Rasen nicht verzichten möchten, so können Sie trotzdem für einen geschlossenen Nährstoffkreislauf sorgen. Wenn Sie den Rasen mit einem Mulch- oder Sichelmäher ohne Fangkorb mähen, bleibt der gut zerkleinerte Rasenschnitt dort, wo er hingehört: auf dem Rasen. Und Sie brauchen keinen zusätzlichen Dünger.

Wildblumen leuchten um die Wette. Sie sind ein Ersatzbiotop für wegfallende Wiesen mit 100 % Erlebnischarakter.

Eine Wiese aus Wildblumen

Noch mehr Blumen und Kräuter gedeihen auf einer Wildblumenwiese, die es früher in unserer Landschaft fast überall gab. Heute hingegen sind Wildblumen auf Wiesen und am Wegesrand selten geworden – Grund genug, in Ihrem Garten ein Ersatzbiotop mit hohem Naturerlebnischarakter zu schaffen. Statt einheitlichem Grün zeigt sich eine Blumenwiese von Frühjahr bis zum Herbst in vielen Facetten: Immer wieder öffnen andere Blumen ihre Blüten und verändern die Farb- und Formengestalt der Wiese.
Wenn Sie einen rasenmäherbreiten Weg in die Blumenwiese mähen, erhalten Sie einen bequem begehbaren Weg, der rechts und links zu vielfältigen Beobachtungen einlädt: Schmetterlinge und deren Raupen, Bienen, Hummeln, Schwebfliegen, Blattwanzen, Käfer, Heuschrecken, netzbauende Spinnen und Weberknechte gehören zu den tierischen Bewohnern, die sich in einer Blumenwiese wohlfühlen. Im Handel können Sie zwischen vielerlei Mischungen wählen.
Zum Spielen und Betreten ist eine Blumenwiese weniger geeignet – und zu klein sollte die Fläche auch nicht sein. Sie müssen die Wildblumenwiese nur zweimal im Jahr mähen, im Juni / Juli und im September nicht zu kurz (Schnitthöhe 8 – 10 cm).
Hübsch sieht es aus und die Tiere freut es, wenn Sie die Blumenwiesen nicht auf einmal komplett mähen, sondern an attraktiven Stellen Inseln aus Wildblumen stehenlassen.

Eine kleine Auswahl für den sinnlichen Kräuterrasen

Der würzig duftende Thymian wächst in flachen Polstern. Auf einer größeren Fläche ausgepflanzt, schaffen Sie nicht nur ein Paradies für Insekten, sondern auch eine Entspannungsoase zum Ausruhen und Meditieren.

- Echter Thymian *Thymus vulgaris*
- Sand-Thymian *Thymus serpyllum*
- Zitronen-Thymian *Thymus* × *citriodorus*
- Kriechender Zitronen-Thymian *Thymus herba-barona* var. *citriodorus*
- Lavendel-Thymian *Thymus thracicus*

12

Einzäunungen – ganz natürlich

Lebende Zäune aus Weiden sind kostengünstig, lassen sich einfach herstellen und bieten einen ganz besonderen Sichtschutz.

Seit Menschengedenken hat der Mensch seinen Garten mit Hecken und Zäunen gegen Eindringlinge geschützt. Heute ist die Gefahr, dass eine Wildschweinrotte in den Garten eindringt nicht mehr ganz so groß, dafür kommt gerne mal Nachbars Hund hereinspaziert. Einzäunungen sollten nie abweisend sein, denn was kann schöner sein als ein Plausch mit dem Nachbarn über den Gartenzaun.

Um aus einer Einzäunung eine ökologische Nische zu machen, braucht es nicht viel. Ist das Grundstück groß genug, eignet sich hervorragend eine Benjeshecke. Diese Einzäunung bietet vielen heimischen Pflanzen ideale Lebensbedingungen, die wiederum viele Tiere anziehen. Das Schöne: Eine Benjeshecke lässt sich nach Platzbedarf und Manpower individuell gestalten. Allerdings sollte sie eine Mindestlänge von 4 m haben.

So wird eine Benjeshecke gebaut

Die Mitte der Hecke bildet ein Erdhügel oder grobes Holzmaterial, auf dem Schnittgut aufgeschichtet wird. Wer möchte, kann die Außenseiten noch bepflanzen. Die meisten Pflanzen aber wachsen von ganz allein, denn die in der Hecke brütenden Vögel bringen sehr viele Samen ein. So sieht jede Hecke anders aus und zeigt sich zudem in wandelndem Gesicht. Die Artenvielfalt der sich ansiedelnden wilden Pflanzen mit ihren Samen und Früchten wirkt auf die verschiedensten Vögel ebenso anziehend wie die Vielzahl der Insekten.

Flechtzaun aus Weide

Das Flechten von Weidenzäunen ist eine der ältesten Techniken in der Gartengestaltung. Flechtzäune sind heute käuflich zu erwerben, aber auch mit ein wenig Geschick selbst zu machen.

Der beste Zeitpunkt für den Schnitt von Weiden ist Ende Februar. Weidenruten ab einem Durchmesser von 10 cm werden eingegraben, dünnere Weidenruten einfach dazwischen eingeflochten. Die Weide wächst in der Regel ohne Probleme an.

Lebende Flechtzäune kann man auch sehr schön aus Hainbuche, Hasel, Birke, Kornelkirsche, Feld-Ahorn oder aus schwach wachsenden Weidenarten, wie Bruch-, Silder- und Sal-Weide bauen. Oder Sie bauen den Flechtzaun aus Chinaschilf. Wenn Sie keinen lebendigen Zaun möchten, können Sie Haselnussstickel als Pfosten verwenden.

Staketenzaun

Ein wunderschöner Begleiter im Bauerngarten ist der sehr flexibel aufzubauende Staketenzaun: Am langlebigsten und schönsten ist er aus gespaltenem Kastanienholz (siehe Seite 40), das wegen seines hohen Gerbsäuregehalts vor Pilz- und Insektenbefall geschützt ist. Für die feste Verbauung werden Kastanienholzpfähle im Abstand von 1,5 – 2 m in die Erde getrieben oder gegraben. Daran wird der Zaun mit Krampen oder Schrauben befestigt. Die einzelnen Staketen werden durch einen doppelten Zinkdraht in mehreren Drahtreihen zusammengehalten und können dadurch leicht auf die gewünschte Länge gekürzt oder verknüpft werden.

Grüne Lösungen

Für Gartenbesitzer, die sehr flexibel sein möchten in ihrem Wunsch nach Abgrenzung, gibt es auch die grüne Lösung. Mit den Modulen einer Hecke am laufenden Meter, die in verschiedenen Größen und in drei verschiedenen Pflanzenarten (erhältlich sind Laub abwerfende Rot-Buche oder Hainbuche sowie immergrünes Efeu) erhältlich sind, lassen sich an einem Arbeitstag Gartenräume und Privatsphäre schaffen. Die Pflanzen wachsen in mit Erde gefüllten Kästen, die sich nach der Pflanzung im Garten langsam zersetzen, sodass sich die Heckenpflanzen fest im Boden verwurzeln. Sie ranken sich an einem stabilen, wetterfesten Metallgitter empor. Die einzelnen Heckenteile werden durch Pfähle aus Hartholz oder durch Eisenstangen in Form gehalten und sind mit speziellen Bügeln miteinander verbunden. Besonders für kleine Gärten oder für Gärtner, die in ihrem Garten neue Räume schaffen möchten, gibt es diese grünen Zäune auch als Heckenmodule in frostbeständigen Gefäßen mit Rollen.

Niedrige Weidenzäune

Beetzäune aus Weide sind kleine, aus Weidenruten geflochtene Zaunelemente, die lediglich zur Begrenzung von Beeten dienen. Durch die hohe Flexibilität der Weide lassen sich diese Beetzäune dem Verlauf eines jeden Beetes anpassen.

Beetzäune aus Weidenruten fügen sich harmonisch in den Naturgarten ein und setzen der Kreativität keine Grenzen.

13

Begrünte Fassaden

Da die durchschnittliche Gartengröße in Deutschland auf unter 400 m² geschrumpft ist, sollten Sie verstärkt in der dritten Dimension planen. Hauswände, Garagen, Gartenhäuschen und andere senkrechte Wände bieten einer Vielzahl von Pflanzen einen festen Platz im Naturgarten, ohne Beetfläche zu verbrauchen.

Kletter-Hortensien schmücken das Haus das ganze Jahr durch ihren schönen Wuchs und die lange Blütezeit.

Pflanzen für begrünte Fassaden

Einjährige Pflanzen und Stauden

- Rote Zaunrübe *Bryonia dioica*
- Hopfen *Humulus lupulus*
- Breitblättrige Platterbse *Lathyrus latifolius*
- Bittersüßer Nachtschatten *Solanum dulcamara*
- Färberkrapp *Rubia tinctorum*
- Schmerwurz *Tamus communis*

Kletterpflanzen

- Pfeifenwinde *Aristolochia macrophylla*
- Trompetenblume *Campsis radicans*
- Alpen-Waldrebe *Clematis alpina*
- Gold-Waldrebe *Clematis tangutica*
- Gemeiner Efeu *Hedera helix*
- Kletter-Hortensie *Hydrangea anomala* subsp. *petiolaris*
- Geißblatt *Lonicera caprifolium*
- Fünflappiger Wilder Wein *Parthenocissus quinquefolia*
- Dreilappiger Wilder Wein *Parthenocissus tricuspidata*
- Blauregen *Wisteria sinensis*

Fassaden mit Putzschäden sollten nicht mit Selbstklimmern wie Efeu oder Dreilappigem Wilden Wein begrünt werden.

Essbare Pflanzen, von vollsonnig nach schattig sortiert

Späte Weinreben, Winterbirnen, Spätwinteräpfel, Pfirsiche, Spätherbstbirnen, Winteräpfel, frühe Weinreben, Pflaumen, Frühherbstbirnen, Herbstäpfel, Aprikosen, Sommerbirnen, Süßkirschen, Sommeräpfel, Sauerkirschen

Spalierobst macht zwar ein wenig Arbeit, aber belohnt durch besonders schön ausgereifte Früchte, auch in raueren Lagen.

Grüne Wände bieten vielen Tierarten, wie Bienen, Fliegen, Wespen, Käfern und Schmetterlingen, Lebensraum und Nahrung. Die Blüten von Waldreben, Geißblatt oder Fünflappigem Wildem Wein sind Bienennahrung, während die Blätter einiger Klettergehölze wichtige Futterpflanzen für gefährdete Schmetterlingsarten sind. Der kleine Eisvogel etwa ernährt sich von Geißblatt-Arten, der Weinschwärmer von der Rebe, der Nachtschwalbenschwanz u. a. von Efeu-Arten.
Diese Insekten locken Vögel an, die im dichten Blattwerk nisten. Die Früchte der Klettergehölze, insbesondere die der *Lonicera*- und *Parthenocissus*-Arten, tragen zur Ernährung von Vögeln bei.

Obst vom Wandgarten

Der vertikale Garten bietet aber nicht nur den Tieren vielerlei, sondern auch Ihnen neben seiner belebenden Optik und optimalen Klimabedingungen die Möglichkeit, Ihr Lieblingsobst anzubauen: Weinreben, Birnen und Pfirsiche sind das Spalierobst für Süd- und Westwände. Äpfel, Kirschen, Pflaumen und Aprikosen mögen es nicht ganz so heiß und gedeihen an halbschattigen Hauswänden. Anspruchslose Sommerbirnen und Kirschen gedeihen sogar an schattigen Nordwänden!
Bereiten Sie vor dem Pflanzen der Klettergehölze den Boden gut vor, in dem Sie ihn mit guten organischen Nährstoffen versorgen und Staunässe ausschließen.
Beachten Sie bei allen Wandbegrünungspflanzen, insbesondere bei Gehölzspalieren, folgende Punkte:

> Die tragenden Konstruktionen müssen stabil und dauerhaft sein.
> Verzichten Sie auf Hölzer, die mit Imprägnierungsmittel behandelt sind; wählen Sie stattdessen Kastanien-, Robinien- und andere pflanzenverträgliche Harthölzer.
> Stimmen Sie die Dimensionen der tragenden Konstruktion auch hinsichtlich der verwendeten Stärken des Lattengerüsts auf die Ansprüche der Pflanzen ab. Die Latten können senkrecht, waagerecht oder diagonal auf einer quer dazu verlaufenden Unterlage befestigt werden.
> Die Verankerung an der Wand, mit ausreichendem Abstand, erfolgt mittels Schrauben und Dübeln oder durch Aufhängen an Mauerhaken. Rohrhülsen oder Kunststoffklötzchen können als Abstandshalter Verwendung finden.

Grüne Wände mit allen Sinnen genießen

Begrünte Fassaden ändern ihr Aussehen im Wechsel der Jahreszeiten. Diesen biologischen Rhythmus können Sie aktiv miterleben. Beschäftigen Sie sich mit der Tierwelt, die im Fassadengrün lebt, nehmen Sie ihre Geräusche, Gerüche, Farben und Bewegungen wahr. Das Rascheln der Blätter bei Windbewegung und das Wahrnehmen von Blütenduft mindert subjektiv die Lärmempfindung.

14

WILDE ECKEN

Tiere sind nützliche Helfer in Ihrem Garten. Sie dezimieren die Schädlinge, bestäuben die Blüten von Nutz- und Zierpflanzen und sorgen für einen gesunden Boden. Deshalb ist es sinnvoll, wenn Sie Ihren Garten für viele Tiere attraktiv machen.

Anziehungspunkt Kleinstruktur

Wilde Ecken sind hierzu das Zauberwort: Sie müssen ja nicht im Vorgarten oder direkt an der Terrasse liegen, aber selbst im kleinen Garten gibt es genügend Möglichkeiten für deren Anlage. Wilde Ecken sind raumbildende Kleinstrukturen aus Naturmaterialien, in denen die Natur schalten und walten kann wie sie will. In Form von Hügelbeeten (siehe Seite 84), Trockenmauern (siehe Seite 42), Hecken (siehe Seite 122), Naturstein- oder Schnittholzhaufen gestalten sie den Garten nicht nur optisch, sondern schaffen Unterschlupfmöglichkeiten für Vögel und Kleintiere. Meist wachsen in diesen wilden Ecken heimische Wildpflanzen, die wertvolle Nahrung für Vögel, Schmetterlinge, Bienen und andere Tiere liefern.

Wilde Ecken zu schaffen, geht ganz einfach: Allein schon mit der Maßnahme, die Fugen einer Steinmauer nicht mit Beton zu verputzen, bringen Sie mehr Natur in Ihren Garten. Denn die Ritzen und Hohlräume der Mauern sind wertvolle Lebensräume und dienen Eidechsen und Molchen als Unterschlupf in Ruhe- und Winterzeiten.

Eine Ecke für Schmetterlinge

Die Raupen der meisten Schmetterlinge sind Nahrungsspezialisten und ernähren sich nur von den Blättern einiger arttypischer Pflanzen, wie heimische Wildkräuter und Gräser. Um diese Schmetterlinge anzulocken, sollten Sie in abgelegenen Gartenbereichen diese typischen Unkräuter wachsen und gedeihen lassen. Tagfalter lieben sonnige Plätze, an denen sie sich aufwärmen können. Zudem brauchen sie Gebüsch und Holz- oder Reisighaufen, an denen sie Schutz finden.

Nachts räumt der Igel unter den Schnecken auf. Dafür belohnen Sie ihn mit Unterschlupfmöglichkeiten in der wilden Ecke.

Die Mauereidechse liebt es sonnig und warm: Steinhaufen oder Trockenmauer sind daher der ideale Lebensraum für sie.

Wilde Ecken aus Totholz und Blütenpflanzen bieten Unterschlupf und Nahrung und können ein echter Hingucker sein.

„Wilde" Pflegemaßnahmen

Insekten, die eine wichtige Nahrung vieler Gartenvögel sind, Igeln und anderen Kleinsäugern können Sie helfen, wenn Sie im Herbst das Laub der Gehölze sowie abgeschnittene Äste und Zweige unter den Sträuchern und auf Beeten verteilen. Dort finden die Tiere Nahrung und schützende Verstecke im Winter. Abgeblühte Stauden lassen Sie über den Winter stehen und räumen sie erst im Frühjahr ab.

Diese wilden Ecken sind freilich nicht pedantisch aufgeräumt, aber sie müssen auch nicht schmuddelig aussehen. So können Sie beispielsweise vor einer sonnigen Steinmauer einen Streifen mit Thymian, Salbei, Lavendel, Ysop und anderen Kräutern anlegen, zwischen denen sich heimische Wildkräuter, besonders die für etliche Raupen wichtigen Brennnesseln, ausbreiten.
Randbereiche Ihres Gartenteiches können Sie in einen sumpfigen Streifen mit feuchtem Boden auslaufen lassen, auf dem attraktive Sumpfpflanzen, wie Sumpfdotterblumen, Schlangenwurz und Wollgras gedeihen. Eine solche Feuchtzone erhalten Sie auch, wenn Sie in Ihrem Garten durch das Modellieren des Erdbodens unterschiedliche Höhenniveaus schaffen. An tieferen Stellen gedeihen feuchtigkeitsliebende Blumen und bilden einen attraktiven Lebensraum für Erdkröten und andere Lurche. Die trockensonnigen Erhebungen schenken Sie den hiesigen Sonnenpflanzen oder legen einen Steingarten oder eine Kräuterspirale (siehe Seite 86) an.

Ein schattiges Plätzchen

Eine unansehnliche Mauer können Sie mit Efeu und anderen Kletterpflanzen, wie z.B. Clematis oder Knöterich, bewachsen lassen. Im dichten Bewuchs fühlen sich viele Vogelarten, Kleinsäuger, Spinnen und Insekten wohl, denn dort finden sie ausreichend Schutz, Nahrung und Nistplätze. Oder Sie gestalten ein schmales Beet entlang einer schattigen Wand als Schattenstreifen für Igel, Zaunkönige und Blindschleichen. Dort wachsen schattenliebende Pflanzen zwischen einem verrottenden Baumstumpf und Steinen aus der Umgebung. Moose bilden feuchte Polster und sind Heimat unzähliger Kleinsttiere.
Wilde Lebensräume lassen sich auch in der Horizontalen sehr gut verwirklichen. Ein alter Baum, der schon teilweise abstirbt, aber immer noch ein bisschen Leben in sich hat, bildet das Gerüst. Rund um den Stamm werden locker ein paar Bruchsteine aufgesetzt. Auf die Bruchsteine wird ein wenig Moos verteilt. Bepflanzt wird rund um den Stamm mit Ramblerrosen und Clematis. Durch ihren dynamischen Wuchs bildet sich um den Baum schnell eine geschützte, schattige Nische, die von vielen Tieren des Gartens gerne angenommen wird.

15

GARTENHAUS ODER PERGOLA?

In einen Naturgarten gehört auch eine Laube, die zur Philosophie des Gartens passt. Gartenhäuser von „der Stange" sind oft optisch langweilig und ökologisch nicht optimal. Denn wer will schon ein Gartenhaus, das jedes Jahr mit umweltbelastenden Imprägnierfarben behandelt werden muss? Bevor Sie mit dem Bau Ihres Gartenhauses beginnen, sollten Sie sich über die zukünftige Verwendung im Klaren sei. Wozu soll es dienen? Als Unterstellmöglichkeit für Gartenmöbel und -geräte? Zur Erweiterung des Wohnraumes und zum Leben im Garten? Für Feiern, Feste und Feten? Als erweiterte Sitzmöglichkeit für den Sommer mit Veranda, Terrasse, Pergola? Möchten Sie es ganzjährig oder nur saisonal nutzen?

Nicht selten wird das Gartenhaus zu groß geplant und der viele Platz dann im Lauf der Jahre mit alten Gartenmöbeln und -geräten vollgestellt. Dazu ist das Gartenhaus eigentlich zu schade!

Das naturnahe Gartenhaus

Mittlerweile gibt es innovative Hersteller, die heimisches Holz mit modernen, umweltfreundlichen Methoden haltbar machen (siehe Seite 40), sodass Sie auf jährliches Streichen mit problematischen Holzschutzmitteln verzichten können. Verwenden Sie für den Bau harte, gerbstoffreiche und fäulnisresistente heimische Harthölzer wie Robinie, Edel-Kastanie oder Eiche.

Im lichten Schatten einer Pergola kommt man zur Ruhe. Gleichzeitig gliedern bauliche Elemente den Gartenraum und sorgen für Struktur.

Auch das Kernholz der Lärche ist sehr wetterbeständig. Diese Hölzer können Sie ohne Holzschutzimprägnierung verbauen, wenn sie keinen Bodenkontakt haben. Metallschuhe verhindern, dass Holz direkt mit der Erde in Verbindung kommt.

Gartenhaus als Regenwassersammler

Ihr Gartenhaus können Sie auch als Wassersammler nutzen. Neben der bekannten Speicherung in Regentonnen, direkt am Fallrohr stehend, bringt eine unterirdische Lagerung echte Vorteile. Denn in Zisternen aus Kunststoff oder Beton gesammeltes Wasser ist qualitativ besser, aufgrund der kühlen und dunklen Lagerung im Boden. Die Verkeimung und Veralgung ist deutlich niedriger und fürs Auge ist es auch angenehm, wenn die vielen Regentonnen aus dem Garten verschwunden sind. Bei einer Dachfläche von 10 m^2 können Sie in der Vegetationszeit von April bis Oktober reichlich kostenloses Gießwasser bester Qualität sammeln (siehe Seite 30). Das lohnt sich doch, oder?

Wenn schon streichen, dann aber natürlich!

Ein altbekanntes, natürliches Holzschutzmittel ist das Leinöl, das aus ausgepressten Samen von Flachs (*Linum usitatissimum*)

Beispiel Vollholzhaus

Dieses patentierte Haus besteht in seinem Aufbau zu 100 % aus Massivholz. An Stelle belastender Leime dienen die verwendeten Holzdübel als Verbindungsmaterial. Mit ihnen werden einzelnen Holzlagen zu stabilen Massivholzblöcken verbunden, die wind- und sogar hochwasserdicht sind. Vollholzhäuser dieser Art sind natürlich gedämmt, umweltfreundlich durch die gute CO_2-Bilanz, langlebig und, weil aus heimischem Holz gefertigt, nachhaltig.

Ein Vollholzhaus ist nicht nur praktisch für jeden Garten, sondern auch ein wahres Schmuckstück.

gewonnen wird. Leinöl ist wasserabweisend, dringt tief in das Holz ein und polymerisiert dort zu einer sehr stabilen Verbindung. Aufgrund dieser Vorteile ist Leinöl auch bei starken Witterungseinflüssen im Außenbereich geeignet. Mit diesem ungiftigen Öl werden seit Jahrhunderten Fachwerk, Fenster, Türen und Holzfassaden dauerhaft geschützt.

Lieber eine Pergola?

Was gibt es Schöneres, als an einem lauschigen Platz im Garten zu sitzen und diesen mit allen Sinnen wahrzunehmen? Das kann unter einem großen Baum sein, aber auch unter einer Pergola. Sie ist mit geringem Aufwand zusammengebaut, denn Sie brauchen nur ein tragendes Gerüst für verschiedene Kletterpflanzen. Wählen Sie fruchttragende Gehölze wie Kiwi oder robuste Tafeltrauben, dann wachsen Ihnen die Früchte im wahrsten Sinne des Wortes fast in den Mund!

Themengärten naturnah

Themengärten wie Japan- oder reine Heidegärten haben zahlreiche Liebhaber. Doch selbst in solch einem Garten, der strikt monothematisch angelegt ist, können Sie der heimischen Natur ein Zuhause bieten.

Themengärten können asiatisch oder mediterran sein; ein großer Rhododendrengarten, eine reine Rasenanlage, strenge Formgehölze in minimalistischer Gestaltung oder ein Kiesgarten, in dem die Staudenfülle dominiert. Diese Gärten nehmen ein einziges Thema auf, das in der Gestaltung konsequent und bis ins letzte Detail durchgezogen wird. In den meisten Fällen wird in diesen Gärten nicht auf ökologische Zusammenhänge geachtet, sondern einzig auf die korrekte Umsetzung des Themas. Das bedeutet auch, dass konsequent nur solche Pflanzen verwendet werden, die dem Thema des Gartens entsprechen. Diese Pflanzen sind gegebenenfalls nicht heimisch und züchterisch so weit entwickelt, dass sie nur wenig Nutzen für Insekten und andere tierische Gartenbewohner haben. Das ist angesichts der immer geringer werdenden Artenvielfalt nicht nur bedauerlich, sondern sogar bedenklich. Deshalb wäre es sinnvoll, wenn auch in solch einem extremen Garten ein wenig Augenmerk auf die tatsächlich vorhandenen Möglichkeiten gelegt würde, der Natur ein Zuhause zu bieten. Wählen Sie etwa für einen mediterranen Garten heimische Pflanzen aus, die in Wuchsform und Aussehen mediterranen Pflanzen ähneln, aber heimischen Tieren Nahrung und Versteck bieten und zudem besser an unser Klima angepasst sind. Oder räumen Sie der Natur kleine Räume in Ihrem Garten ein. Ein Nistkasten oder ein Insektenhotel kann in entsprechender Form auch in einen Garten voller Formgehölze passen.

Und falls Sie zu dem Schluss kommen, dass in einen Garten mit formalem Design keine wilden Ecken mit unkontrolliertem Bewuchs passen, dann bauen Sie doch einen Lebensturm: Eine besonders leicht zu gestaltende Lebensnische für Pflanzen und Tiere, die sich optisch schön ins Gesamtbild Ihres Gartens einfügen lässt.

Den Lebensturm können Sie ganz kreativ gestalten und so an Ihren Gartenstil anpassen.

Auch formale Gärten können durch die richtige Pflanzenwahl vielen Tieren Lebensräume bieten.

Was ist ein Lebensturm?

Der Lebensturm besteht aus vier Holzpfosten, die im Quadrat aufgestellt werden und im Boden befestigt sind. Als Material eignet sich Kastanien-, Lärchen-, Eichen- oder Robinienholz. Diagonale Verbindungen zwischen den Pfosten schaffen Stabilität.
Im unteren Teil bauen Sie eine 30–60 cm hohe Trockenmauer, je nach Gesamthöhe des Lebensturms. Hier fühlen sich Eidechse und Co. wohl. Danach füllen Sie den Lebensturm mit Naturmaterialien auf. Auf eine etwa 30 cm hohe Laubschicht folgt eine Rindenschicht, dann kleinere Äste. Darüber schichten Sie große Äste, etwa 50 cm lange, 20 cm breite Schilfbündel sowie Hartholzstücke mit verschiedenen glattrandigen Bohrungen (2–10 mm). Diese Hölzer bieten vielen Insekten einen Lebensraum. Im Lebensturm können Sie auch einen Vogelnistkasten unterbringen sowie mit Stroh befüllte Tontöpfe für Ohrenkneifer (Ohrwürmer) aufhängen.
Diesen Lebensturm können Sie in einer nicht einsichtigen Ecke bauen oder, wenn eine solche nicht in Ihrem Garten vorhanden ist, als Kunstwerk ausgestalten. Dazu wählen Sie eine zu Ihrem Garten passende Verschalung, beispielsweise Bambus für den asiatischen Garten, mit Naturfarben gestrichene Lamellentüren oder sogar eine Metallverkleidung. Mögen Sie es gern natürlich, etwa in einem Rhododendrongarten, so können Sie den Lebensturm mit Efeu bewachsen lassen oder, in einem reinen Kiesgarten vertikal mit Sukkulenten begrünen.
Auch die moderne, mediterrane Terrasse mit Citrus, Olive und Oleander in exklusiven Töpfen bietet Raum für einen „Lebensturm". Sicher kennen Sie trendige Gartenobjekte aus Treibholz? Aus Einzelhölzern zusammengesetzte Skulpturen bieten – teils mit Hartholzstücken befüllt und mit verschiedenen glattrandigen Bohrungen versehen – Lebensraum für viele Wildbienenarten.

Gesunder Garten, gesunder Mensch

Gesundheit beginnt im eigenen Garten. Mit dem Prinzip „Natur sucht Garten" arbeiten Sie niemals gegen die Natur, sondern versuchen stets ein Gleichgewicht herzustellen zum Nutzen der Umwelt und für das eigene Wohlbefinden.

PFLANZENGESUNDHEIT

Schon bei der Planung eines Gartens sollten Sie stets standortgerechte und robuste Pflanzen auswählen. Auch ist es wichtig, dass Sie Ihr Augenmerk auf Gütezeichen wie das ADR-Siegel bei Rosen richten und resistenten Sorten den Vorzug geben, um erst gar nicht in die Verlegenheit zu kommen, Maßnahmen gegen Krankheiten und Schädlinge ergreifen zu müssen.

Pflanzenauswahl und Stärkungsmaßnahmen

Haben Sie gesunde Pflanzen Ihrer Wahl von guter Qualität gekauft, mit den passenden Nachbarn kombiniert und an einen optimalen Standort gepflanzt, haben Sie schon sehr viel für die Pflanzengesundheit getan. Denn Pflanzen, die sich an Ihrem Standort wohlfühlen, weder ständig wegen mangelnder Feuchtigkeit oder anhaltender Staunässe im Stress sind, sind weniger anfällig für Krankheiten und Schädlinge.
Zusätzlich können Sie Ihre Pflanzen stärken, etwa wie seit alters her mit Brühen und Jauchen (siehe Seite 70). Rümpfen Sie nicht die Nase, denn die Geruchsbildung basiert auf dem jahrtausende alten Naturprozess der Fermentation. Und das Ergebnis ist immer eine Wirkungspotenzierung, die man sogar riechen kann.
Auch die Methoden des natürlichen Gärtnerns haben sich den neuen Gegebenheiten der Hausgärten angepasst. Pflanzenstärkungsmittel, Pflanzenextrakte gegen Krankheiten, schädlingsabwehrende Mittel auf Basis der Aromatherapie und sogar die Homöopathie haben erfolgreich Einzug in den Garten gehalten.

Bausteine für gesunde Pflanzen

Nützlinge zur Abwehr

Auf synthetische Pflanzenschutzmittel sollten Sie im Garten verzichten. Schließlich lösen sich diese nicht in Wohlgefallen auf, sondern gelangen über die Nahrung, Haut und Lungen auch in den menschlichen Körper. Wählen Sie stattdessen lieber intelligente Methoden des physikalischen und biotechnischen Pflanzenschutzes, wie das Absammeln oder Fallenstellen, oder lassen Sie tierische Helfer für sich arbeiten. Das machen die Nützlinge gern, wenn Sie ihnen genügend Nahrung, Unterschlupf und Fortpflanzungsmöglichkeiten in Ihrem Garten anbieten.
Mit mechanischen Abwehrmaßnahmen wie Vogelschutznetzen oder Schneckenzäunen können Sie Ihre Ernte wirkungsvoll schützen, ohne Tier und Mensch zu gefährden.
Und wenn dann doch einmal Blattläuse an Ihrer Lieblingspflanze saugen, denken Sie an Marie-Luise Kreuter, die einst natürliche Methoden zur Schädlingsbekämpfung in unsere Gärten einziehen half: Führen Sie keinen erbitterten Feldzug gegen die Schädlinge. Beim Pflanzenschutz geht es nur darum, Grenzen zu ziehen und Schranken zu errichten. Ein paar Prozent der Ernte sollte jeder den Mitbewohnern seines Gartens gönnen – das muss übrigens auch jeder Landwirt tun.

Gutes Teamwork

- **Vergissmeinnicht (*Myosotis*) unter die Himbeeren gepflanzt sorgen für eine gute Befruchtung und vergraulen durch ihren Geruch den Himbeerkäfer.**
- **Bohnenkraut (*Satureja hortensis*) schützt Buschbohnen vor der Schwarzen Bohnenlaus.**
- **Die Kreuzblättrige Wolfsmilch (*Euphorbia lathyris*) ist für Wühlmause giftig. Sie meidet die Umgebung der Wolfsmilchgewächse, wodurch man den Fraß an den zu schützenden Pflanzen verhindert.**
- **Kapuzinerkresse (*Trapaeolum majus*) zieht Blut- und Blattläuse magisch an. Säen Sie sie unter Ihren Obstbäumen aus. Sind Läuse in die „Falle“ gegangen, Kapuzinerkresse einfach abschneiden.**

Befindet sich der Garten im Gleichgewicht, bleibt viel Zeit die schönen Sitzplätze in Ruhe zu genießen.

Lavendel darf in keinem Garten fehlen, denn er wehrt nicht nur Läuse ab, sondern trägt auch den Duft von Sommer durch den Garten.

16

Nützlinge fördern

Herrscht im Garten ein natürliches Gleichgewicht, so halten Nützlinge die Ausbreitung der Schädlinge in Grenzen. Deshalb ist es sinnvoll, dieses Gleichgewicht in Ihrem Garten stets zu bewahren.
Mit Insektiziden vernichten Sie oft die Nutzinsekten, da diese weniger robust reagieren als die Schädlinge. Schnell hat sich der Schädling gegenüber dem Nützling erholt und macht sich neu erstarkt über Ihre Pflanzen her.
Als erstes sollten Sie in Bezug auf Schädlinge toleranter werden: Ein geringer Befall an Blattläusen ist völlig in Ordnung, denn sie dienen ja den Marienkäferlarven als Nahrung. Achten Sie mal darauf, nach einem Blattlausbefall folgen nach etwa 14 Tagen Marienkäfer und Florfliegen. Denn erst muss der Tisch gedeckt sein, damit der Nützling sich in Ihrem Garten wohlfühlt.

Marienkäfer und Co.

Ein Marienkäfer und seine **hungrige Larve** fressen in ihrem Leben bis zu 800 Blattläusen.
Viele andere Nützlinge werden in unserem Garten aber nicht so schnell wahrgenommen wie der Marienkäfer. **Schlupfwespen** etwa legen ihre Eier direkt in die Larven zahlreicher Schädlinge, die dann von innen her aufgefressen werden.
Echte Helfer im Verborgenen sind die **Raubmilben**. Die etwa 0,5 mm großen Spinnentiere fallen über Spinnmilben und deren Eier sowie andere Kleinstinsekten her, um sie auszusaugen.
Faszinierend sind die wespenfarbenen **Schwebfliegen**, die minutenlang in der Luft „stehen“ können. Leider werden sie immer noch mit Wespen verwechselt und getötet. Ihre nacktschneckenartigen, auf Insektizide sehr empfindlich reagierenden Larven sind leicht zu finden, wenn sie in den Blattlauskolonien liegen oder auf der Suche nach Blattläusen über das Laub kriechen. Erwachsene Schwebfliegen ernähren sich von Pollen und Nektar der Blüten.
Die grünen, unbeholfen fliegenden **Florfliegen** ähneln mit ihren großen aderreichen Flügeln kleinen Libellen. Ihre länglichen, braun-

Kleiner Fuchs und Naturgärtner freuen sich gleichermaßen über die Blütenpracht der Astern.

Nicht unbedingt First-Class Insektenhotel, aber mindestens Jugendherberge.

Löwen-Bungalow

Die Larve der Florfliege wird auch Blattlauslöwe genannt. Sie vertilgt in drei Wochen bis zu 300 Blattläuse und andere Schädlinge. Zur Förderung dieses Nützlings hängen Sie rot gestrichene Holzkistchen (etwa 30 x 30 x 30 cm), die fest mit Stroh gestopft sind, ab September im Garten auf.

Kleingetier aus dem Gemüsegarten ist willkommene Nahrung für die Meisenfamilie.

gelben Larven stellen auf Blättern Kleininsekten und besonders Blattläusen nach.
Auch **Laufkäfer** haben eine besondere Rolle im Garten. Jedes Tier frisst jährlich bis zu 400 Raupen und kleine Schnecken, ebenso die nützlichen **Bunt- und Aaskäfer**.
Auch **Wanzen** sind besser als ihr Ruf, denn sie vertilgen auch Schildläuse und viele andere Schädlinge.

Ein Hotel für die Nützlinge

Den Nützlingen können Sie in Ihrem Garten ein Zuhause anbieten: Das Insektenhotel ist zusammen mit Freunden und Kindern schnell an einem Wochenende gebaut. Es braucht danach so gut wie keine Pflege, denn die Insekten regeln das Aufräumen und Säubern in der Regel selbst. Trotzdem sollten Sie, um etwa einem Milbenbefall vorzubeugen, die Niströhren alle vier bis fünf Jahre auswechseln.
Im selben Rhythmus sollten Sie die Einstreu im Florfliegen- bzw. Hummelkasten austauschen. Der beste Zeitpunkt für diese Arbeiten ist das Frühjahr, wenn alle Nützlinge geschlüpft sind. An einem regensicheren Platz ist ein spezieller Winterschutz für das Insektenhotel nicht nötig.

Vögel im Garten

Eine ganz wichtige Hilfe, Ihren Garten im Gleichgewicht zu halten, sind die Vögel. Sie vertilgen schädliche Raupen wie Frostspanner, Eulen und Wickler. Mit Nistkästen können Sie die Höhlenbrüter unter den Singvögeln in Ihren Garten locken, etwa verschiedene Meisen, Schnäpper und Rotschwänze.
Günstig sind pro Garten:

- Ein bis zwei Nistkästen mit 32 mm Einflugloch für Kohlmeise, Feldsperling, Gartenrotschwanz
- Ein Nistkasten mit 26 mm Einflugloch für Blaumeisen
- Eine Halbhöhle für Hausrotschwanz, Bachstelze, Grauschnäpper

Hängen Sie den Nistkasten senkrecht auf, am besten in Augenhöhe (so können Sie im Herbst auf einfache Weise altes Nistmaterial entfernen und den Nistkasten mit einem festen Wasserstrahl säubern). Das Flugloch sollte nicht zur Wetterseite (Westen) ausgerichtet sein. Achten Sie auch auf freien, ungestörten Anflug und Katzensicherheit. Halten Sie einen Abstand von 5 – 10 m zwischen gleichen Nistkastentypen ein.

Fledermaus-Villa

Zwergfledermäuse sind hervorragende Stechmückenjäger! Mit einem speziellen Kasten, den Sie im Handel bekommen, können Sie diese fliegenden Kobolde in Ihrem Garten ansiedeln.

17

Pflanzen natürlich stärken

Jauchen und Brühen sollten für jeden Hobbygärtner eine Selbstverständlichkeit sein. Als Rohstoffe für diese Pflanzenstärkungsmittel dienen viele, oftmals als „Unkräuter" bezeichnete Wildkräuter, wie etwa die Brennnessel. Mit der Verwendung dieser Pflanzen als Jauchen und Brühen schlagen Sie gleich zwei Fliegen mit einer Klappe: Das „Unkraut" wird beseitigt und Ihre Obst-, Gemüse- und Zierpflanzen gestärkt. Jauchen und Brühen zeichnen sich durch einen hohen Anteil an Mineralstoffen und Spurenelementen aus, die im Boden sehr gut für die Pflanzen verfügbar sind. Dadurch werden die Pflanzen so gestärkt, dass ihnen viele Krankheiten und Schädlinge nichts mehr anhaben können. Jauchen werden auch gerne als Repellent benutzt, damit Schädlinge die Wirtspflanzen erst gar nicht befallen. Ein sehr gutes Repellent, welches auch noch gleich durch seinen hohen Anteil an ätherischen Ölen die Pflanze stärkt, ist eine Jauche aus Kamillenblüten, Lavendel, Pfefferminze, Schafgarbe, Salbei, Thymian und Zitronenmelisse.

Schneckenschreck

Ein sehr wirksames Mittel zur Schneckenabwehr ist Rhabarberblätterjauche. Unverdünnt zwischen die Reihen gegossen, hinterlässt diese Jauche einen weißen, schleimigen Belag, den die Schnecken meiden.

Jauche ansetzen

Jauchen sollten Sie nicht in Metallgefäßen ansetzen, sondern besser in Holzfässern, Steingut oder Tongefäßen. Zur Not tut es auch ein

Der Rainfarn stärkt die Pflanzen gegen kauend-beißende Schädlinge wie Kohlweißling, Apfelwickler und Möhrenfliege.

altes Regenfass aus Polyäthylen. Andere Kunststoffe sind ungeeignet, denn beim Gärungsprozess können schädliche Stoffe gelöst werden.
Jauchen, die später weder eintrüben noch schäumen, stellen Sie am besten her, indem Sie die Kräuter in einen durchlässigen Stoffbeutel stecken. Diesen hängen Sie in das Wasser, wobei Sie auf 1 kg Kräuter 10 l Wasser geben. Jeder Jauche-Ansatz sollte regelmäßig umgerührt werden. Damit die Geruchsbildung nicht zu stark wird, können Sie Bentonit, Steinmehl, Eichenblätter oder auch Baldrian hinzugeben. Erst wenn sich nach ungefähr 14 – 21 Tagen keine Bläschen mehr bilden, ist die Gärung beendet. Diese fertige Jauche können Sie direkt auf den Boden geben.

Auszüge, Brühen und Co.

Einen Kräuterauszug erhalten Sie, wenn Sie die Kräuter mit kaltem Wasser ansetzen, 12 – 24 Stunden in einem dunklen, kühlen Raum ziehen lassen und dann 1:10 mit Wasser verdünnen.
Zum Herstellen von Blütenextrakten müssen Sie die Blüten vor dem Aufgehen abschneiden, anfeuchten und stark zerkleinern. Anschließend wickeln Sie die Blütenmasse in einen sauberen Baumwollstoff, pressen die Flüssigkeit aus und bewahren diese in einem geschlossenen, dunklen Fläschchen auf. Brühen erhalten Sie, wenn Sie die Kräuter 24 Stunden lang einweichen und dann 20 Minuten lang köcheln. Zur Zubereitung von Tees werden die Kräuter mit heißem Wasser übergossen. Damit der Tee besser auf den Pflanzen haftet, können Sie ein wenig Lecithin einrühren.

Blütenextrakt vom Baldrian

1 Tropfen pro 1 l Wasser ansetzen und in die Blüten spritzen. Das fördert die Blüten- und Fruchtbildung und vermehrt die Ernte bei Bohnen, Erbsen, Erdbeeren, Gurken, Melonen, Zucchini.

Brennnesseln sind die wichtigsten Stärkungspflanzen für unseren Garten.

Stärkungsmittel für Jungpflanzen

Setzen Sie die folgenden getrockneten Kräuter in 10 l Wasser an: 50 g Brennnessel, 10 g Salbei, 10 g Weinraute, 10 g Wermut, 20 g Wurmfarn, 20 g Zwiebelschalen. Vor dem Ausbringen 1:10 verdünnen, bei der Pflanzung angießen und wöchentlich wiederholen. (nach Abtei Fulda)

Wirksame Pflanzen

Als besonders Pflanzen stärkend gelten Jauchen aus Brennnessel, Beinwell, Fenchel, Löwenzahn und Ringelblume. Vorbeugend gegen Pilzinfektionen können Sie Jauchen oder Brühen aus Ackerschachtelhalm, Brennnessel, Wurmfarn, Holunderblätter, Kamille, Meerrettich und Rainfarn einsetzen.

Gegen Schadinsekten bieten sich die folgenden Jauchen an:

- Brennnessel gegen Blattläuse
- Adler- oder Wurmfarn gegen Blatt-, Schild-, Schmier- und Blutläuse
- Knoblauch gegen Milben
- Wermut gegen Ameisen, Raupen und verschiedene Läuse
- Zwiebel zur Abwehr von Möhrenfliegen

Wenn Sie zu der Farnjauche grüne Walnussschalen zugeben, verstärkt sich deren Wirkung.
Um stets genügend „Rohstoffe“ zur Verfügung zu haben, lohnt es sich, ein Jauchebeet anzulegen. Dort wachsen im Schatten eines Schwarzen Holunders Rhabarber, Farn und Beinwell; Brennnesseln gesellen sich meist von selbst dazu.

18

Pflanzen schützen ohne Gift

Pestizide, die einen Großteil der Flora vernichten und vielen erwünschten Nützlingen und Wildtieren, wie Schmetterlingen, Hummeln, Wildbienen oder Vögeln, die Lebensgrundlage entziehen oder diese gar töten, haben in Ihrem Garten nichts zu suchen. Treten trotz des Bemühens um ein ökologisches Gleichgewicht von „nützlichen“ und „schädlichen“ Lebewesen die Schädlinge im Übermaß auf, gibt es giftfreie, mechanische Mittel wie Zäune, Netze, Vliese und Fallen, mit denen Sie bestimmte Schädlinge gezielt abwehren können.

Fallen gehören zu den ältesten Methoden, lästige Tiere zu fangen. Machen sich in Ihrem Garten Wühlmäuse breit, so können Wühlmausfallen zum Einsatz kommen. Nacktschnecken lassen sich mit biergefüllten Fallen fangen, Drahtwürmer mit ausgehöhlten Kartoffeln, die auch Schnecken magisch anziehen. Leimringe, die Sie von Herbst bis Winter um die Stämme von Obstbäumen legen, wirken gegen die flugunfähigen Weibchen des Frostspanners.

Vom Einsatz von Gelbtafeln im Freien muss dagegen abgeraten werden, denn die gelbe Farbe zieht auch sehr viele nützliche und harmlose Insekten an, die dann jämmerlich an den klebrigen Fallen zugrunde gehen.

Spezielle Schneckenzäune halten Schnecken von einem Beet fern, feinmaschige, 80 cm hohe Drahtzäune blätterfressende Hasen und Kaninchen.

Vorbeugende Maßnahmen gegen Schnecken

- **Die Neuzuwanderung von Schnecken durch Barrieren (Schneckenzaun, wassergefüllte Regenrinnen) oder trockene Streifen aus Fichtennadeln oder Thujaschnitt, Eichenrinde, Sägespäne, Asche oder Kalk verhindern.**
- **Immer früh morgens gießen.**
- **Natürliche Feinde wie Igel, Maulwurf, Erdkröte und Laufkäfer fördern.**

Selbst stärker befallene Pflanzen können Sie ohne Gifteinsatz von Schädlingen befreien.

So geschützt können Sie sich schon jetzt auf die Ernte rundum gesunder Salate freuen.

Vliese, Netze, flatternde Bänder

Einen Schädlingsbefall können Sie ganz einfach verhindern, indem Sie die betroffenen Pflanzen im Frühjahr mit Vlies oder speziellen Insektenschutznetzen abdecken. Dadurch können etwa Möhren, Rettich, Radieschen, Kohl, Zwiebeln, Lauch und andere Gemüsepflanzen vor der Eiablage schädlicher Fliegen und Falter geschützt werden. Und ohne Eier gibt es auch keine Maden oder Raupen, die Schaden anrichten können. Auch vor einem Befall durch Blattläuse schützen die Vliese, etwa bei Kopf- und anderen Salaten. Achten Sie bei der Auswahl der Netze auf möglichst enge Maschen (0,8 x 0,8 bzw. 1,35 x 1,35 mm), dann finden auch kleine Insekten kein Schlupfloch. Wichtig: Die Netze müssen sofort nach der Saat oder dem Pflanzen ausgebracht und am Rand beschwert werden.

Insbesondere Kirschen und Beeren sind bei vielen Vögeln sehr beliebt. Möchten Sie die süßen Früchte selbst ernten, dann schrecken auch flatternde Bänder oder glänzende Stanniolstreifen zumindest für kurze Zeit Vögel von einem Beet mit frischen Aussaaten oder reifen Früchten ab.

Per Handarbeit

Zahlreiche Schädlinge werden Sie auch in Handarbeit los: Nicht nur Schnecken können Sie absammeln, sondern auch Kartoffelkäfer oder verschiedene Raupen wie die des Kohlweißlings. Faule Früchte und kranke Blätter sollten Sie am besten sofort aufsammeln und entfernen, damit diese kein Herd für Krankheiten oder Schädlinge werden können. Läuse und andere kleine Schädlinge werden mit einem festen Strahl aus dem Wasserschlauch einfach abgespritzt. Ein Absammeln von Schädlingen erfordert allerdings regelmäßige Kontrollen. Sie schlagen damit aber zwei Fliegen mit einer Klappe: Sie tun nicht nur der Natur etwas Gutes, sondern auch sich selbst: Sie bleiben fit durch viel frische Luft und regelmäßige Bewegung.

Auftretende Nacktschnecken bekämpfen

- **Bierfallen innerhalb eines Schneckenzauns aufstellen**
- **Schnecken bei Dunkelheit absammeln (Taschenlampe!)**
- **Schlafplätze aus alten Brettern, Kunststoffplatten oder Hohlziegel anbieten, Schnecken tagsüber darunter absammeln**

Gemüse und Kräuter

Eine Handvoll sonnengereifter Tomaten oder knackige Gurken lassen das Gärtnerherz höherschlagen. Wenn Sie die passenden Arten richtig anpflanzen und pflegen, wird Ihr Natur- zum Genussgarten.

Im Gemüsegarten

Kohlrabi, Möhren, Sellerie, Lauch, Spinat und Co. schmecken lecker, bringen Abwechslung auf den Tisch und enthalten zudem viele wertvolle Mineral-, Vitamin- und Ballaststoffe. Am gesündesten und ökologischsten sind sie selbst angebaut aus dem eigenen Garten.

Früher war der Gemüsegarten das Kernstück eines jeden Gartens, heutzutage werden auf den kleineren Gartengrundstücken meist zierende Rasenflächen, Sträucher und Blumenbeete angelegt. Diese sind mit viel weniger Zeitaufwand in Schuss zu halten als Gemüse, das regelmäßig gepflegt werden muss. Auch angesichts günstiger Gemüsepreise lohnt sich wirtschaftlich der Anbau von Eigenem kaum. Aber: Wenn Sie Ihr Gemüse selbst anbauen, haben Sie stets Erntefrisches auf dem Tisch, verbrauchen keine klimawirksamen CO_2-Äquivalente für Produktion und Transport und wissen genau, dass Ihre Möhren, Salate und anderen Köstlichkeiten ohne den Einsatz von Pflanzenschutzmitteln oder übermäßige Düngergaben herangezogen worden sind. Meist schmecken die selbst angebauten Blatt-, Wurzel- und Fruchtgemüse auch um ein Vielfaches besser als gekaufte Ware. Gemüse selbst anbauen – das ist Natur pur.

Bausteine für leckeres Grünzeug

- **19** Alte Arten & Sorten neu entdecken
- **20** Robustes Gemüse
- **21** Mischkultur – auf gute Nachbarschaft
- **22** Fruchtbares Hochbeet
- **23** Bunte Kräutervielfalt

Wie viel Fläche brauchen Sie?

Möchten Sie Ihren Bedarf an Gemüse nur aus dem eigenen Garten beziehen, benötigen Sie pro Person Gemüsebeetflächen von etwa 30 m^2. Dann können Sie sogar Ihre Kartoffeln selbst heranziehen. Haben Sie diese Fläche nicht zur Verfügung oder ist Ihnen der zeitliche Aufwand für die Pflege zu groß, so genügt es schon, wenn Sie für Gemüse und Kräuter drei oder vier Beete anlegen. Dort wachsen Ihr Lieblings-Frischgemüse und die wichtigsten Kräuter für die Küche (siehe Seite 86). Oder Sie möchten ungewöhnliche, neue Genüsse in Ihre Küche bringen und wählen für den Selbstanbau alte, regionale Landsorten wie Baumspinat, Kerbelrübe oder Eiszapfen (siehe Seite 78). Haben Sie Lust bekommen?

Der richtige Standort

Die meisten Gemüse und Kräuter lieben es sonnig. Daher sollten Sie für Ihre Gemüsebeete einen sonnigen, wind- und wettergeschützten Platz wählen. Dieser könnte vom übrigen Garten durch eine Hecke aus Wildsträuchern (siehe Seite 122) oder eine Trockenmauer (siehe Seite 42) abgetrennt werden. Elemente aus dem Bauerngarten wie geschnittene Hecken oder glänzende Kugeln

Start in ein neues Gemüsejahr: Mit der Aussaat von bestem Saatgut legen Sie den Grundstein für feine Ernten.

lockern den Gemüsegarten auf. Damit Sie die höchstens 1,2 m breiten Beete gut erreichen können, sollten die Wege Breiten von mindestens 30 – 40 cm aufweisen. Zudem brauchen Sie einen Wasseranschluss, Zapfstelle oder Regentonne sowie Kompostplatz und Geräteschuppen in der Nähe.
Vor dem Säen und Pflanzen der verschiedenen Gemüse und Kräuter sollten Sie den Boden gut vorbereiten, eventuell eine Gründüngung einsäen und bei Bedarf mit reichlich Kompost verbessern. Die weiteren Vorbereitungsarbeiten richten sich dann konkret nach dem Gemüse, das Sie tatsächlich anbauen möchten.

Mehrjährige Gemüse

Nicht jedes Gemüse muss immer wieder ausgesät werden. Einige Gemüsesorten lassen sich über viele Jahre hinweg mit gutem Ertrag kultivieren. Der ewige Kohl (*Brassica oleracea* var. *ramosa*), Kriechender Sellerie (*Apium repens*), Löwenzahn (*Traxacum officinale sativum*), Topinambur (*Helianthus tuberosus*) sind nur einige Beispiel aus der Vielzahl von mehrjährigen Gemüsesorten.

Und so endet Ihr Gemüsejahr – mit Zwiebeln und anderem Erntegut zum Genießen.

19

Alte Arten & Sorten neu entdecken

Nicht nur bei den Äpfeln gibt es unzählige alte Sorten, die in Vergessenheit geraten sind, auch beim Gemüse wuchsen früher in unseren Gärten Arten und Sorten, die aus dem heutigen Sortiment verschwunden sind. Leider, denn neben unvergleichlichem Geschmack und Aroma sind diese alten, regionalen Gemüse bestens an die jeweiligen Standortbedingungen angepasst und ermöglichen ein ökologisches Gärtnern ohne Gifteinsatz.

Alte Nutzpflanzensorten wurden früher meist über viele Generationen in einer Familie oder einer Dorfgemeinschaft angebaut. Sie überzeugen durch ihre gärtnerischen Eigenschaften: Sie sind meist anspruchslos und widerstandsfähig und zahlreiche „typische" Gerichte basieren auf diesem regionalen Gemüse.

Alte Landsorten besitzen zudem eine einmalige genetische Ausstattung, die für den zukunftsweisenden umweltgerechten Anbau wertvoll ist. Je größer die Sortenvielfalt, desto schwerer können sich Pflanzenkrankheiten ausbreiten.

Weil viele dieser alten Landsorten über Jahrtausende zum Alltag der Menschen gehörten und ihre landwirtschaftliche Arbeit mit bestimmten, stellen sie auch ein Kulturgut dar, das es zu bewahren gilt. So leisten Sie auf einfache Weise einen Beitrag für den Erhalt biologischer Vielfalt, die allen Lebewesen nützt und zu einem stabilen Ökosystem führt. Und nicht zu vergessen: Die alten Gemüsesorten und -arten enthalten reichlich gesundheitsfördernde Inhaltsstoffe und bereichern Vielfalt und Geschmack Ihrer Küche.

Auch die gekochten Blätter der Roten Beten schmecken. Sie strotzen nur so von Vitaminen und Mineralstoffen.

Vielfalt schützen

Experten schätzen, dass in den letzten 100 Jahren rund Dreiviertel der alten Kulturpflanzensorten, darunter viele Gemüsesorten, verloren gegangen sind. Dafür sind die Ursachen nicht nur in den hinsichtlich Mechanisierung, Chemisierung und Industrialisierung veränderten Anbaumethoden zu suchen, sondern auch in den heutigen Sortenzulassungsverfahren sowie geändertem Konsumverhalten der Menschen. Mittlerweile haben sich etliche Vereine gegründet, die alte Gemüsesorten sammeln und über die Sie auch Saatgut beziehen können. Haben Sie Lust zum Experimentieren? Sie werden rasch belohnt: Die alten Gemüsearten und -sorten zeichnen sich durch robustes Wachstum, köstlichen Geschmack, duftende Aromen sowie charakteristische Farben und Formen aus. Vielleicht lassen Sie sich ja schon durch die kleine Auswahl an alten Gemüsen in der Tabelle verführen.

Fenchel ist ein wahrer Tausendsassa: Neben schmackhaften Knollen liefert er feine Blätter und Samen zum Würzen und Verfeinern.

Schmackhafte Auswahl alter Gemüsearten

Gemüseart / -sorte	Verwendung
Ausdauernder Lauch (*Allium*-Arten)	Lauchstangen in Suppen, Salate und Risotto; Zwiebeln in Essig einmachen
Cordifole, Ausdauerndes Eiskraut (*Aptentia cordifolia*)	frisch als Feinschmeckersalat, für Kräuterquark; kurz gedünstet als Gemüse
Rote Bete, Rote Rübe (*Beta vulgaris* subsp. *vulgaris* var. *vulgaris*)	hellfleischige Sorte, die nicht abfärbt; zum Einlegen
Teltower Rübchen (*Brassica rapa* 'Teltower')	regional berühmte Form der Mairübe; Geschmack wie Kohlrabi mit Rettich
Ewiger Kohl, Irischer Blätterkohl (*Brassica*-Arten)	Blätter wie Spinat in Suppen, Risotto, Sahnesauce
Morgenländisches Zackenschötchen, Türkische Rauke (*Bunias orientalis*)	junge Blätter, Triebspitzen frisch als Salat (scharfer, rettichartiger Geschmack); mit Joghurt oder gedünstet (deftig wie Grünkohl)
Rapunzel-Glockenblume (*Campanula rapunculus*)	Blattrosetten als Salat wie Feldsalat
Kerbelrübe (*Chaerophyllum bulbosum*)	feines Wurzelgemüse; in Frankreich eine Delikatesse
Baumspinat 'Magentaspreen' (*Chenopodium giganteum*)	frisch wie Spinat oder Mangold als Salat gedünstet als Suppe, Auflauf oder Tarte
Chicorée 'Tardivo' (*Cichorium intybus* subsp. *sativum*)	als bitterer Salat oder Gemüse
Inka-Gurke, Hörnchenkürbis (*Cyclanthera pedata*)	Früchte wie Gurken roh oder wie Zucchini gedünstet, auch gefüllt (harte Kerne entfernen)
Fenchel (*Foeniculum vulgare*)	frische Blätter als Würzkraut für Fisch und zu Gemüsegerichten; Körner zum Würzen von Brot, Suppen und Mix Pickles
Italienische Petersilie (*Petroselinum crispum* var. *neapolitanum*)	zu Salaten, Gemüse, Kartoffelgerichten; als Pesto
Eiszapfen (*Raphanus sativus*)	robustes, weißes, zapfenförmiges Radieschen
Zuckerwurzeln (*Sium sisarum*)	Wurzeln gekocht oder gebraten
Haferwurz, Haferwurzel (*Tragopogon porrifolius*)	wie Schwarzwurzel, allerdings ohne Schälen

20

Robustes Gemüse

Damit Sie auch im Winter auf ein vielfältiges Angebot an eigenen, robusten Gemüsearten zurückgreifen können, bedarf es vorher einer guten Planung. Am einfachsten ist es natürlich, wenn das Gemüse auch bei Minustemperaturen draußen auf dem Beet verbleiben kann. So können Sie es in frostfreien Zeiten immer frisch ernten. Wurzelgemüse bleibt in einer Erdmiete über lange Zeit frisch und knackig. Auch eingelegtes Gemüse bereichert den Speiseplan.

Ein eigener Naturkühlschrank

Das ist ganz einfach, funktioniert einwandfrei ohne Strom und ist kostenlos! Die Erdmiete sollten Sie in Hausnähe an einem schattigen Platz anlegen. Dazu heben Sie den Gartenboden etwa 40 – 50 cm tief aus, am besten quadratisch (80 x 80 cm, bei Bedarf größer). Zum Schutz vor unerwünschten Nagern legen Sie die Miete rundherum mit Kaninchendraht aus. Auf den Boden füllen Sie eine Schicht Sand oder Kies, damit es schön trocken bleibt. Nun können Sie Wurzelgemüse wie Pastinaken, Petersilienwurzeln und Rote Bete einlegen, die Sie zuvor weitestgehend entblättert haben, sowie ganze Kohlköpfe. Zum Schluss geben Sie eine Lage Stroh zur Isolierung obendrauf, in sehr kalten Perioden sicherheitshalber zusätzlich noch 10 cm Erde. Sie können stattdessen eine dicke, isolierte Holzplatte mit Regenschutz verwenden, dann lässt sich der Naturkühlschrank auch leichter öffnen! Wenn Sie regelmäßig kontrollieren und lüften, werden Sie erstaunt sein, wie frisch das Gemüse im Boden bleibt!

Konservieren mit Mikroorganismen

Anstatt einer Lagerung in der Erdmiete oder im Naturkeller mit gestampftem Lehmboden, können

Die Milchsäuregärung

Die Milchsäuregärung ist eine der ältesten Konservierungsmethoden. Schon vor 6000 Jahren wurde in China auf diesen Weise Kohl konserviert. Bei diesem Prozess werden die Kohlenhydrate (Zucker) in Milchsäure umgewandelt. Das Endprodukt erhält durch den Umbauprozess ein pikantsäuerliches Aroma und wird gleichzeitig haltbar gemacht. So funktioniert die Herstellung von Sauerkraut.

Frisch geerntete Pastinaken sind der ganze Stolz des Gärtners. In einer Erdmiete gelagert, bleiben sie lange frisch.

Ein guter Vitamin-C-Lieferant für den Winter: aus Weißkohl wird Sauerkraut gemacht.

Frisches im Winter ernten

Wintergemüse macht Kälte und Frost wenig aus, im Spätsommer und Herbst ausgesät oder gepflanzt, trotzen diese Gemüsearten dem Winter und können stets frisch geerntet werden. Robuste Wintergemüse:

- **Chinakohl: verträgt leichten Frost bis −4 °C**
- **Grünkohl, Lauch (späte Sorten), Rosenkohl: verträgt Frost bis −10 °C**
- **Feldsalat, Schwarzwurzeln, Petersilie: komplett winterhart**

Mit einem Vlies können Sie das Wintergemüse vor Frösten schützen, das erleichtert auch die Ernte von Feldsalat bei geschlossener Schneedecke. Schwarzwurzeln brechen bei der Ernte in gefrorenem Boden, daher besser vor Frostperioden ernten. Auch Weiß- und Rotkohl, Möhren, Rote Bete, Chicorée, Wurzelpetersilie, Pastinake, Kohl- und Steckrüben gehören zu den Wintergemüsen, da sie sich gut lagern lassen, zum Beispiel in einer Miete oder im kühlen Keller (Wurzelgemüse dazu in Sand einschlagen).

Sie verschiedene Gemüsearten auch durch mikrobiologische Verfahren (Fermentation, Gärung) haltbar und gleichzeitig verzehrfertig machen.
Unsere kühlschranklosen Vorfahren erfanden dazu die Milchsäuregärung, denn sie macht nicht nur das Kraut haltbar, sondern liefert darüber hinaus ein vielseitig verwendbares, besonders vitaminreiches und direkt verzehrfertiges Nahrungsmittel.
Das bekannteste milchsauer vergorene Produkt ist Sauerkraut, das einer der wichtigsten winterlichen Vitamin-C-Träger ist und aus Weißkohl hergestellt wird. Daneben lassen sich auch andere Gemüsearten wie Rotkohl, Blumenkohl, Bohnen, Erbsen, Rote Bete, Kürbis, Kohlrabi, Möhren, Paprika oder Sellerie milchsauer vergären.

Gärgemüse hat eine Reihe von ernährungsphysiologischen Vorteilen und erlebt deshalb in der modernen Ernährung derzeit eine Renaissance.
Milchsäure ist kalorienarm, fördert die Eiweißverdauung im Magen, begünstigt die Aufnahme von Eisen, fördert eine gesunde Darmflora, macht Gemüse bekömmlicher und ist empfehlenswert für Diabetiker.
Für die heutigen Singlehaushalte gibt es eine einfachere Variante, nämlich das Einsäuern im Glas. Dafür gestampftes und gesalzenes Kraut einfach in Gläser mit Twist-Off-Verschluss geben.

21

MISCHKULTUR – AUF GUTE NACHBARSCHAFT

In der Natur gibt es keine Flächen, auf der nur eine einzige Pflanzenart wächst. Es herrscht immer eine Vielfalt an Pflanzen, die sich gegenseitig unterstützen. Mit der Mischkultur können Sie dieses Prinzip des miteinander Wachsens und Gedeihens auch in Ihrem Gemüsegarten umsetzen. Ihr Vorteil: Weniger Schädlinge und unerwünschte Wildkräuter, dafür mehr Ertrag.
Auf einem Mischkulturbeet gedeihen gleichzeitig verschiedene Gemüse- und Kräuterpflanzen, die zu unterschiedlichen Zeiten erntereif sind. Dadurch kann fortlaufend Erntereifes frisch in der Küche verwertet werden – das bringt nicht nur Abwechslung in Ihren Speiseplan, sondern ist auch klimagünstig.

Erst planen, dann pflanzen

Bei der Wahl der richtigen Partner für ein Beet sollten Sie darauf achten, dass stets Pflanzen mit unterschiedlichem Nährstoffbedarf (die sogenannten Schwach-, Mittel- und Starkzehrer), mit tiefen und flachen Wurzeln sowie mit passenden Sonnen- und Schattenansprüchen zusammen gepflanzt werden. Gute Nachbarn finden Sie in dem Kasten unten.
Wenn Sie die Pflanzenkombinationen für Ihre Beete zusammengestellt haben, halten Sie diese am besten in einer Tabelle oder einem Pflanzplan fest. So haben Sie eine Vorlage für die nächsten Jahre und können Ihre persönlichen Erfahrungen mit der gewählten Mischkultur aufzeichnen.

Schwach-, Mittel- und Starkzehrer

Pflanzen, die einen hohen Bedarf an Nährstoffen haben, zehren den Boden stark aus. Zu diesen Starkzehrern, die sich durch besonders große Blattmassen auszeichnen,

Wegen ihrer wachstumsfördernden und stärkenden Wirkung auf andere Pflanzen ist die Ringelblume in Mischkulturen beliebt.

Gute Nachbarn

- **Bohnen – Bohnenkraut, Gurken, Kohlrabi, Rote Bete, Sellerie, Tomaten**
- **Erbsen – Fenchel, Gurken, Kohl, Kohlrabi**
- **Gurken – Dill, Kopfsalat, Lauch, Mais, Sellerie**
- **Kartoffeln – Dicke Bohnen, Kohlrabi**
- **Kohlarten – Beifuß, Dill, Mangold, Pflücksalat, Spinat**
- **Möhren – Dill, Lauch, Radieschen, Salat, Salbei, Schnittlauch, Zwiebeln**
- **Radieschen – Kohlrabi, Salat, Weißkohl**
- **Zwiebeln – Erdbeeren, Gurken, Möhren, Rote Bete, Schwarzwurzeln**

gehören alle großen Kohlarten, Endivien, Gurken, Kartoffeln, Kohlrabi, Kürbis, Lauch, Melonen, Rhabarber, Salate, Sellerie, Tomaten und Zucchini. Neben Kompost sollte der Boden vor der Pflanzung auch mit organischen Düngern und Steinmehl versorgt werden. Schwachzehrer gedeihen auf nährstoffarmen Böden. Zu viel Dünger im Boden schwächt diese Pflanzen und macht sie anfällig für Schädlinge. Alle Kräuter gehören in diese Gruppe, ebenso Zwiebeln und Hülsenfrüchte wie Erbsen, Stangen- und Buschbohnen, die den Boden durch eigene Wurzelknöllchen sogar mit Stickstoff anreichern. Vor allem Wurzelgemüse wie Kohlrabi, Möhren, Pastinaken, Radieschen, Rote Bete und Schwarzwurzeln, aber auch Fenchel, Knoblauch, Paprika und Spinat sind Mittelzehrer.

In Mischkultur gedeihen nicht nur die einzelnen Gemüse und Kräuter viel besser – auch Sie selbst haben stets ein vielfältigeres Angebot unterschiedlichster Genüsse für die Küche.

Fruchtwechsel

Optimieren können Sie die Mischkultur durch einen jährlichen Fruchtwechsel. Hinter diesem Begriff verbirgt sich die Gartenpraxis, dass Sie jedes Jahr anderes Gemüse auf Ihrem Beet anbauen. So beugen Sie einer Auslaugung des Bodens und der Ausbreitung von Krankheiten wie etwa der Kohlhernie vor. Vorausgesetzt Sie haben dafür in Ihrem Garen genug Platz, behalten Sie die bewährten Mischkultur-Kombinationen bei, pflanzen diese aber auf anderen Beeten in Ihrem Gemüsegarten aus.

Bewährte Mischkulturen

	Beet 1	Beet 2	Beet 3	Beet 4
Variante 1	je eine Reihe Weiß-, Rot-, Wirsing-, Blumen- oder Rosenkohl	Sellerie, Kohlrabi und Buschbohnen in Reihen	Gurken mit Kopfsalat und Kohlrabi als Randbepflanzung	Kopfsalat, Kohlrabi und Porree in Reihen
Variante 2 fürs Frühjahr	vier Reihen Steckzwiebeln und Möhren im Wechsel	vier Reihen Lauch und Möhren im Wechsel	je eine Reihe Radieschen, Frühkartoffeln, Kohlrabi, Frühkartoffeln und Radieschen	zwei Reihen Erbsen mit Rettich als Randbepflanzung
Variante 3 für den Sommer	vier Reihen Zuckerhut und Radieschen im Wechsel	eine Reihe Chinakohl und zwei Reihen Feldsalat im Wechsel	Herbstsalat mit Herbstblumenkohl als Randbepflanzung	Erdbeeren
Variante 4 für Frühjahr bis Herbst	eine Reihe Schwarzwurzel und zwei Reihen Lauch im Wechsel	Blumenkohl oder Fenchel mit Knollensellerie als Randbepflanzung	je eine Reihe Steckzwiebeln, Radieschen, Gurken, Radieschen und Steckzwiebeln	je eine Reihe Radieschen, Kopfsalat, Tomaten, Kopfsalat und Radieschen

22

FRUCHTBARES HOCHBEET

Ein Hochbeet funktioniert wie ein Hügelbeet als geschlossener Kreislauf: Für den Aufbau können Sie im Garten anfallende Materialien wie Gehölzschnitt, Laub und Kompost sinnvoll verwerten. Diese Materialien werden bei der Verrottung im Hochbeet wieder dem Boden zugeführt.
Während die Seiten eines Hügelbeetes sanft abfallen, erinnert ein Hochbeet eher an eine Anbaufläche in einer Kiste. Die Umrahmung ist meist 80 – 100 cm hoch und aus Holz. Die Länge des Hochbeetes ist beliebig, jedoch sollte es höchstens 120 cm breit sein. Dann haben Sie alle Pflanzen in Reichweite. Das große Plus: Wenn Sie Rückenbeschwerden haben oder Ihre Beweglichkeit eingeschränkt ist, können Sie am Hochbeet alle Pflanz-, Pflege- und Erntearbeiten aufrecht stehend erledigen.
Als Materialien für die Umrandung bieten sich neben Holzbohlen (z.B. Robinie, Kastanie) auch Steine aus der Region an. Kunststoff- und Edelstahlplatten passen nicht nur aus ökologischen, sondern auch aus ästhetischen Gründen nicht so gut in einen naturnahen Garten.

Schneckenzaun

Wenn Sie an der Umrandung des Hochbeets rundum ein nach unten abstehendes Eckprofil anbringen, haben Sie einen hervorragenden Schneckenschutz.

Ein Hochbeet aufbauen

Zunächst heben Sie an der gewünschten Stelle eine 30 cm tiefe Mulde aus. Damit keine Mäuse von unten in Ihr Hochbeet einwandern, legen Sie am Boden ein engmaschiges Drahtgeflecht aus, auf das Sie die Umrandung platzieren. Diese muss ausreichend stabil sein, um dem Druck durch die Füllung des Hochbeets standzuhalten. Lassen Sie daher im Abstand von 1 m stabile Pfosten tief in den Boden ein. Wenn Sie an diesen U-Profile anbringen, können Sie Ihr Hochbeet mit herausnehmbaren Bohlen aufbauen. Zudem können Sie so die Höhe des Hochbeets an Ihre Körpergröße und Bedürfnisse anpassen und tun sich leichter, wenn Sie die Erdfüllung austauschen möchten.
Der weitere Aufbau des Hochbeets entspricht dem eines Hügelbeets: Nacheinander schichten Sie von unten nach oben grobes Baum- und Strauchschnittgut (gute Dränage und Belüftung), Rasensoden (verhindert Verschlämmung

Lästiges Bücken beim Säen, Pflegen und Ernten entfällt bei einem Hochbeet, denn die Pflanzen befinden sich stets in bequemer Höhe.

Gut geschichtet aus grobem Schnittgut, Rasensoden, Laub und Grünabfällen gedeihen die Pflanzen bestens in der oberen Lage aus Gartenerde.

Denselben Aufbau wie ein Hochbeet hat ein Hügelbeet. Statt ebenflächig können Sie dort die Hanglagen für den Anbau nutzen.

Gute Nachbarn: Mischkultur mit Kräutern

- Beifuß – Kohlarten
- Bohnenkraut – Buschbohnen, Zwiebeln
- Borretsch – Erdbeeren
- Dill – Erbsen, Gurken, Kohlarten, Kopfsalat, Möhren, Rote Bete, Zwiebeln
- Knoblauch – Erdbeeren, Möhren, Rosen, Rote Bete, Tomaten
- Kamille – Kartoffeln, Kohlarten, Lauch, Sellerie, Zwiebeln
- Kapuzinerkresse – Kartoffeln, Radieschen, Tomaten, Zucchini
- Kerbel – Kopfsalat
- Kresse – Kopfsalat, Radieschen
- Koriander – Gurken, Kohlarten, Rote Bete
- Kümmel – Gurken, Kartoffeln, Kohlarten, Rote Bete
- Meerrettich – Kartoffeln
- Petersilie – Spargel, Tomaten
- Pfefferminze – Kartoffeln, Kohlarten, Kopfsalat
- Rosmarin – Möhren
- Salbei – Fenchel, Möhren
- Schnittlauch – Erdbeeren, Möhren, Salat

des Gehölzschnitts), Laub und Grünabfälle mit feinem Strauchschnitt gemischt, mit Gartenerde vermischten verrotteten Kompost (beimpft das Material mit verrottungsfördernden Mikroorganismen) und zuletzt Gartenerde, die als Pflanzschicht dient. Mit Vlies- oder Folientunnel bespannt dient Ihr Hochbeet im Frühjahr auch als perfektes Anzuchtbeet.

So gelingt Ihr Hochbeet

Wichtig ist, dass Sie die zweite Schicht aus Laub und Grünabfällen, auch Rasensoden, gut verdichten. Dazu können Sie einfach das eingebrachte Material mit stabilen Schuhen festtreten.
Damit die Pflanzfläche nicht durch die Verrottung des organischen Materials im Lauf von drei bis vier Jahren absackt, können Sie auch den Anteil an Gartenerde erhöhen. Eine günstige Zeit für den Bau eines Hochbeets ist der Herbst. Dann fallen alle benötigten Materialien für den Aufbau im Übermaß an. In dieser Zeit können Sie auch ein altes Hochbeet abbauen und neu aufbauen.
Neben Gemüse, können Sie in Ihrem Hügel- oder Hochbeet auch Kräuter anbauen. Starke Partner für eine Mischkultur finden Sie im Kasten oben.

23

BUNTE KRÄUTERVIELFALT

Die duftenden Blätter, Blüten und Früchte der Kräuter würzen vielerlei Speisen und wirken dank ihrer Kräfte belebend und heilend. In Jauchen und Brühen angesetzt oder in Mischkultur gepflanzt stärken sie die Pflanzen und wehren Schädlinge ab. Sie merken es schon: Kräuter gehören in jeden Garten.
Zur Auswahl steht Ihnen eine große Palette an ein- und mehrjährigen Kräutern. Die Palette reicht von klassischer Petersilie, Schnittlauch und Dill über mediterranen Rosmarin, Basilikum und Salbei bis hin zu extravagantem Zitronenstrauch, Currykraut und Süßdolde. Im eigenen Garten angebaut können Sie fast rund ums Jahr täglich frische Kräuter ernten und genießen.

Pflanzen und pflegen

Sonnig, windgeschützt und mager – so ist der bevorzugte Standort der meisten Küchenkräuter. Nur so gedeihen sie prächtig und entwickeln reichlich würzende und heilende Inhaltsstoffe. Diese Bedingungen können Sie Basilikum, Majoran, Estragon, Portulak, Thymian, Rosmarin, Salbei, Ysop, Zitronenmelisse und Co. vor einer weißen, wärmespeichernden Wand oder in einer Kräuterspirale bieten. Nur Petersilie, Liebstöckel (Maggikraut) und Sauerampfer mögen es lieber halbschattig. Schädlinge stellen sich nur selten im Gewürzgarten ein, denn zum einen mögen sie die intensiven Aromen der Kräuter nicht, zum anderen ziehen Kräuter Nützlinge magisch an.
Am häufigsten findet man in unseren
Gärten ein klassisches, ebenes Kräuterbeet. Dort herrschen überall dieselben Standortbedingungen, die den unterschiedlichen Ansprüchen verschiedener Kräuter nicht richtig

Um einen Steinhaufen windet sich die Kräuterspirale schneckenförmig nach unten.

genügen. Besser ist eine hügelig angelegte Kräuterspirale, die auch neben der Terrasse Platz hat. Zunächst errichten Sie aus Abbruch- oder Natursteinen eine spiralförmige Trockenmauer, deren Zwischenräume mit Steinschutt gefüllt und mit wenig Gartenerde abgedeckt werden. So erhalten Sie den vollsonnigsten, trockensten Standort für Thymian, Oregano, Rosmarin oder Winter-Bohnenkraut an der Spitze der Spirale und halbschattige, feuchtere Standorte an Mauerfuß. Besonders hübsch sieht es aus, wenn die Trockenspirale in ein kleines Gewässer ausläuft. Dort gedeiht dann die Brunnenkresse. Grundgerüst eines jeden Kräutergartens sind die mehrjährigen Pflanzen, die einmal gesetzt viele Jahre am selben Platz gedeihen. Nur die starkwüchsigen wie Liebstöckel, Minzen und Melissen sollten Sie regelmäßig teilen, damit sie nicht überhand nehmen. Dazwischen finden die ein- und zweijährigen Kräuter, die jährlich ausgesät werden müssen, genügend Raum.

Duftendes am Sitzplatz

Lavendel und Rosen – wer kennt nicht diese aparte, duftende Pflanzenkombination? Sie sieht nicht nur hübsch aus, sondern sorgt auch noch an Terrasse oder Sitzplatz für gute Luft. Stark duftende Würzkräuter, die gern zwischen Blumen wachsen, sind zum Beispiel die süßliche Eberraute und Fenchel, die belebend duftenden Minzen und Melissen sowie die etwas bitterwürzigen Salbei-Arten, die es allesamt dank vieler Züchtungen nicht nur in großer Duft-, sondern auch großer Farb- und Formenvielfalt gibt.

Für alles ist ein Kraut gewachsen

- **Kräuter der Provence**: Auf diesem Beet wachsen Estragon, Lavendel, Oregano, Rosmarin, Salbei und Thymian.
- **Pizza-Beet**: Hier gedeihen Basilikum, Knoblauch, Majoran, Oregano, Rosmarin, Rucola, Thymian und Ysop.
- **Teegenuss**: Täglich frische Kräuter wie Anis, Fenchel, Kamille, Malvenblüten, Pfeffer- und andere Minzen, Ringelblumen, Zitronen- und andere Melissen, Zitronenverbene und Waldmeister für leckere Wellness- und heilende Gesundheitstees.
- **Kräuter-Wellness**: Auch für natürliche Cremes, Masken und andere Kosmetik können Sie ein Beet anlegen, etwa mit Eberraute, Fenchel, Kamille, Lavendel, Melissen, Minzen, Ringelblume, Rosmarin, Salbei und Thymian.

Der Selbstversorger-Garten

Träumen Sie davon, vom Obst- und Gemüseangebot der Supermärkte unabhängig zu sein und sich mit frischem Grün und saftigen Früchten selbst zu versorgen? Obst und Gemüse aus dem eigenen Naturgarten, ohne Pflanzenschutzmittel und Mineraldünger, nur mit garteneigenem Kompost, gestärkt durch Pflanzenbrühen oder Tees? Ganz ehrlich: Was gibt es Leckereres als Marmeladen aus dem eigenen Obst oder liebevoll kultivierte Gartentomaten?

Tipps für den Anfang

In Zeiten zunehmender Umweltbelastungen und immer knapper werdender Familienbudgets ist ein Garten, aus dem Sie sich das ganze Jahr über selbst versorgen können, sicherlich eine gute Idee. Ein paar Überlegungen vorab sollen Ihnen helfen, mögliche Bedenken auszuräumen:

Keine Flächen für Beete bzw. kein Garten ist verfügbar

> Lösung: Sie können Ihren Ziergarten teilweise umwandeln oder einen Garten pachten, entweder privat oder in einem Gartenbauverein.

Fehlendes Wissen übers Gärtnern

> Lösung: Natur ist einfach – einfach ausprobieren! Informationen können Sie sich über Bücher, die Gartenakademien in Deutschland oder bei den örtlichen Gartenbauvereinen holen. Oder Sie werden gleich Mitglied in einem Gartenbauverein und besuchen Kurse in der Volkshochschule.

Keine Werkzeuge, Maschinen und Gartengeräte vorhanden

> Lösung: Für den Anfang brauchen Sie nur ganz wenige Geräte wie Spaten, Hacke und Rechen; größere Geräte können Sie sich in Gartenbauvereinen oder Gartencentern ausleihen.

Im nächsten Schritt sollten Sie herausfinden, welche Obst- und Gemüsearten und -sorten in Ihrem Garten problemlos gedeihen. Denn nicht alle Kulturen sind an jedem Standort machbar: So wachsen Pfirsiche nicht in rauen Höhenlagen der Mittelgebirge oder Kartoffeln auf steinigen Böden. Gemäß dem Motto „Gartenlust statt Gartenfrust“ sollten Sie mit den Kulturen beginnen, die sozusagen von selbst gedeihen. Mit

Naturnahes Obst aus dem Garten ist besonders gesund, weil die Früchte lange am Baum ausreifen und alle wertgebenden Inhaltsstoffe ausbilden können.

Obsternte der besonderen Erlebnis-Art: auf den Baum klettern und direkt „von der Hand in den Mund" genießen!

Ernte haltbar machen

- Kernobst: kühle Lagerung, Saft, Gelee, Dörrobst
- Steinobst, Beerenobst: Marmelade, Gelee, Kompott
- Wurzelgemüse: frostfreie Lagerung in Keller oder Erdmiete
- Kohl, Bohnen: milchsaure Vergärung
- Besonders veredelt wird Ihr Obst in den bäuerlichen Abfindungsbrennereien zu Schnaps.

der Zeit können Sie sich dann an anspruchsvollere Pflanzen wagen. Tomaten, Rote Johannisbeeren und Herbst-Himbeeren gehören zu den einfach zu kultivierenden Pflanzen und eignen sich perfekt für den Start Ihres Selbstversorger-Gartens. Wählen Sie grundsätzlich nur robuste, pilzfeste, resistente oder widerstandfähige Sorten. Setzen Sie von Anfang an konsequent intelligente Abwehrmaßnahmen ein wie etwa Gemüseschutznetze und -vliese, Leimringe, Schneckenzaun und Co. (siehe Seite 72). Lassen Sie eine Bodenuntersuchung machen und beginnen Sie umgehend mit der Eigenkompostierung. So schaffen Sie in geschlossenen Nährstoffkreisläufen und haben stets genügend humusreichen Kompost als natürlichen Dünger.

Wie viel Garten ist nötig?

Es existieren diverse Angaben über die benötigten Flächen. Als Faustzahl für eine nahezu vollständige Selbstversorgung können Sie pro Person etwa 30 m² für Gemüse plus 25 m² für Obst veranschlagen. Bedenken Sie aber: Eine komplette Selbstversorgung mit Obst und Gemüse aus dem eigenen Garten ohne jeglichen Zukauf ist eigentlich nicht sinnvoll, denn sie würde den Einsatz von Pflanzenschutzmitteln und Mineraldüngern zur Ertragssicherung voraussetzen. Viel einfacher und ökologisch sinnvoll ist es, wenn Sie nur die Gemüse und Früchte am eigenen Gartenstandort kultivieren, die dort leicht und problemlos wachsen.

Verwertung und Haltbarmachen

Neben den Naschfrüchten, die direkt verzehrt werden, fallen im Selbstversorger-Garten beträchtliche Mengen an Obst und Gemüse an, die gelagert, verwertet oder haltbar gemacht werden müssen. Daher benötigen Sie neben den Flächen im Garten auch Lagerkapazitäten für Eingemachtes. Nur durch die richtige Lagerung und Verwertung können Sie die in den Früchten und Gemüsen gespeicherte Sonnenenergie auch im Winter genießen. Damit Ihnen Ihre Ernte nicht Mitten im Winter zu den Ohren herauskommt, wechseln Sie verschiedene Rezepte ab und verschenken Sie liebevoll Dekoriertes an Weihnachten.

Obst

Knackige Äpfel und aromatische Beeren, die ohne chemischen Pflanzenschutz im eigenen Naturgarten gewachsen sind. Gibt es etwas Besseres? Selbst, wenn das Obst mal kleine Schönheitsfehler haben sollte, das Kompott daraus wird sicher köstlich.

OBSTGARTEN = NASCHGARTEN

Die Leichtigkeit des Sommers genießen: Schon morgens leckere Früchte für ein fruchtiges Frühstück sammeln und den Abend mit ein paar saftigen Beeren ausklingen lassen – gesundes Naschen rund um die Uhr bietet Ihnen Ihr Obstgarten.

Wählen Sie die Naschfrüchte für Ihren Obstgarten so aus, dass Sie sie über einen möglichst langen Zeitraum genießen können. Damit Sie schnell und jederzeit die saftigen Früchte ernten können, müssen nicht alle Obstpflanzen im Garten stehen. Alternative Plätze können an der Hauswand, im Hochbeet, im Topf auf der Terrasse oder sogar im Blumenkasten sein. Hier bieten sich auch farbenfrohe Mischungen aus Zier- und Nutzpflanzen an: Ihrer Fantasie sind fast keine Grenzen gesetzt.

Der Naschgarten im Jahresablauf

Ihr Naschjahr beginnt mit den Maibeeren (*Lonicera kamtschatica*), einer Heckenkirsche, die auch als Sibirische Honigbeere bzw. Sibirische Blaubeere bekannt ist. Sie ist die früheste Frucht im Garten. Ab Mitte Mai reifen die länglichen, blauvioletten Früchte. Zeitgleich werden die ersten Erdbeeren reif: als Reihenkultur im Gartenbeet, im Topf, als Hängeampel oder im Blumenkasten an Fenster und Balkon. Betörend ist die Sorte 'Mieze Schindler'. Sehr aromatisch sind die von Juni bis Oktober blühenden und fruchtenden Wald-Erdbeeren, wie die Sorte 'Mara de Bois', die als Unterpflanzung im Halbschatten gut funktioniert.

Im Juni und Juli können Sie in Ihrem Garten Rote Johannisbeeren und Stachelbeeren ernten. Beide Pflanzen können Sie als sogenannte „Eintrieber", das heißt nur mit einem Trieb an einem Stab senkrecht nach oben gezogen an einer sonnigen Hauswand ziehen. Dadurch haben Sie pro Pflanze zwar etwas weniger Ertrag, auf der Fläche im Vergleich gesehen jedoch mehr. Und das Ernten wird zum Kinderspiel. Bei den Roten Johannisbeeren ist die langtraubige 'Rovada' beliebt, bei den Stachelbeeren die robusten Sorten 'Rokula' oder 'Invicta'.

Auch Süßkirschen reifen im Juni und Juli. Madenfreien Genuss bieten vor allem frühe Sorten wie 'Meckenheimer Frühe', 'Burlat' oder 'Earlise'. Im Juli folgen dann die Sauer-

Frischekick

Frischer geht es nicht: Fünf Mal am Tag sollten Sie Obst oder Gemüse zu sich nehmen – mit einem Naschgarten kein Problem!

Bausteine für köstliche Früchte

kirschen, etwa die widerstandsfähige Sorte 'Gerema'. Zwetschgen, beispielsweise 'Katinka', 'Jojo', oder 'Presenta', müssen außen stahlblau und innen saftig gelb sein, dann schmecken sie am besten. Das ist von Juli bis September der Fall.

August ist der Höhepunkt im süßen Naschgarten: Nun können Sie Brombeeren, Aprikosen, Mirabellen, Herbst-Himbeeren und Frühäpfel ernten. Die frühen Apfelsorten sind in den Gärten selten geworden, obwohl sie doch in Geschmack und Aroma unvergleichlich sind, wie 'Weißer Klarapfel', 'Retina' oder 'Reglindis' beweisen.

Im September stehen Herbst-Äpfel und Herbst-Birnen sowie die Tafeltrauben an, bevor die späten Äpfel und Kiwi das Naschjahr beschließen.

Dann haben Sie hoffentlich genügend Früchte als Saft, Marmelade, Rumtopf oder Kompott für den Winter konserviert.

Nach dem Ernten sollten die Äpfel möglichst kühl gelagert werden. Zur Erhöhung der Luftfeuchte kann man Gefäße mit Wasser in den Lagerraum stellen.

Wer die Wahl hat, sucht sich natürlich nur die allerleckersten Früchte aus!

Bewährte Sorten

- **Johannisbeeren: 'Rovada' (rot), 'Titania' (schwarz)**
- **Stachelbeeren: 'Rokula' oder 'Invicta'**
- **Herbst-Himbeeren: absolut robuste, einfach zu kultivierende 'Autumn Bliss' und 'Himbo Top', die bis zu den ersten Frösten Früchte tragen**
- **Süßkirschen: 'Meckenheimer Frühe', 'Burlat' oder 'Earlise'**
- **Sauerkirsche: 'Gerema'**
- **Brombeeren: 'Loch Ness' oder 'Jumbo'**
- **Mirabellen: die süße 'Nancy Mirabelle', die großfrüchtige 'Bellamira'**
- **Zwetschgen: 'Katinka', 'Jojo', oder 'Presenta'**
- **Aprikosen: 'Orangared', 'Hargrand'**
- **Tafeltrauben: die pilzfesten Sorten 'Birstaler Muscat' (weiß) oder 'Muscat Bleu' (blau)**
- **Apfel: 'Retina' oder 'Reglindis' (früh); 'Topaz' (Herbstsorte), 'Rewena' (Spätsorte)**
- **Kiwi: 'Hayward' und frostharte Mini-Kiwi 'Weiki' und 'Issai'**

24

ALTE ARTEN & SORTEN NEU ENTDECKEN

Besonders Obstgehölze bieten eine große Arten- und Sortenvielfalt, die eine ökologische Bereicherung des Naturgartens erlaubt. Allein in Deutschland schätzt man die Zahl der heimischen Obstsorten auf rund 3000, die Hälfte davon sind Apfelsorten.

Schaut man allerdings in die Supermärkte, dann ist von dieser enormen heimischen Sortenvielfalt nichts zu spüren: Dort werden meist fünf Apfelsorten angeboten, die weltweit angebaut und somit auch das ganze Jahr über verfügbar sind.

Bereichern Sie Ihren Naturgarten mit historischen Sorten und tragen Sie so zu deren Erhalt bei.

Die Mispel (*Mespilus germanica*) ist ein anspruchsloser Strauch mit attraktivem Blüten- und Fruchtschmuck. Die Früchte lassen sich zu besonderen Marmeladen verwerten.

Pflaume, Zwetschgen, Mirabellen

Pflaumen, Zwetschgen, Mirabellen und Reineclauden erweitern die Palette des Pflanzangebotes. Am besten lassen sich die einzelnen Vertreter nach der Form und Farbe ihrer Früchte und den Eigenschaften des Fruchtfleisches einteilen.

Wildobstarten für den Naturgarten

Wildobstarten gehören zu den landschaftsprägenden Gehölzen. Sie zeichnen sich aus durch ihren Blüten- und Fruchtschmuck, sind recht robust, anspruchslos und pflegeleicht. So bieten essbare Mandeln nicht nur wohlschmeckende, aromatische Früchte, sondern verzaubern den Garten

Wilder Genuss

Wildfrüchte können zum Teil frisch genossen oder zu individuellen Gerichten veredelt werden. Haben Sie Ihren Gästen schon mal ein Mus aus Speierling- oder Mispelfrüchten serviert oder selbst gesammelte Ess-Kastanien zum Wildgericht?

mit einer frühen, üppigen Blütenpracht. Der intensive Duft der Ess-Kastanienblüte ist unvergleichlich, die Ernte der Früchte geht einher mit der Weinlese. Die Mispel bildet imposante, große Sträucher mit herrlichen, cremeweißen Blüten und dekorativen Früchten. Der Speierling wird in der Literatur als einer der schönsten Laubbäume Europas beschrieben. Die Blüten des Schwarzen Holunders ergeben leckeres Sirup und die reifen Früchte lassen sich in schmackhafte Marmelade verwandeln.

Der heimische Holunderstrauch (*Sambucus nigra*) erfreut mit Blüten und Früchten Auge und Gaumen.

Wildobstarten für den Naturgarten

Obstart	geeignete Sorten (Auswahl)	Vorteile
Speierling *Sorbus domestica*	'Sossenheimer Riese' bekannteste Sorte im Handel	gilt als einer der schönsten, aber auch seltensten Bäume in Deutschland; vielseitige Verwendung
Essbare Mandel *Prunus dulcis*	'Palatina', 'Große Prinzessmandel', 'Dürkheimer Krachmandel' 'Ferragnes', 'Ferraduell', 'Ferrastar'	früher Blütenschmuck; essbare, aromatische Früchte; anspruchslos, trockenheitsresistent; kleinkronig
Ess-Kastanien *Castanea sativa*	'Marigoule', 'Marsol' (Resistenz gegen Kastanienrindenkrebs), 'Ecker', 'Tisenser'	schwach saure Böden; Ansprüche wie Äpfel; spätblühend; meist selbstunfruchtbar, deshalb mehrere Sorten pflanzen
Mispel *Mespilus germanica*	Großfruchtige Sorten sind 'Nottingham', 'Holländische Großfrüchtige', 'Macrocarpa', 'Bredase Reus', 'Kurpfälzer Mispel' (Früchte ohne Frost genießbar), Wildform	dekorativer, robuster Strauch; selbstfruchtbar; cremeweiße Blüten; attraktive, goldbraune Früchte mit typischer Kelchform; nach Frosteinwirkung genießbar
Schwarzer Holunder *Sambucus nigra*	'Haschberg', 'Mammut', 'Samyl', 'Sampo', 'Samdal' (frühreifend im August), Wildform	nährstoff- und feuchtigkeitsliebend; üppiger Blütenschmuck; vielseitige Verwendung
Kornelkirsche *Cornus mas*	'Jolico', 'Kasanlaker', 'Schumener', 'Titus', 'Devin', 'Schönbrunner Gourmetdirndl', Wildform	robust, anspruchslos; attraktive Bienenweide, Zierwert; interessante Verwertungsfrucht

Die Gruppe der Pflaumen

Bezeichnung	Aussehen, Form	alte Sorten
Echte Pflaume	runde Frucht, weiches, saftiges Fruchtfleisch	'Ontario-Pflaume', 'Gräfin Cosel', 'Zibarte'
Zwetschge	länglich ovale Fruchtform, festes, grüngelbes Fruchtfleisch, meist blaue Farbe, natürliche Beduftung, gut steinlöslich	'Kandeler Zuckerzwetsche', ‚Königsbacher Frühzwetschge'
Reneklode (Reineclaude)	rundliche, grüngelbe Frucht, schlecht steinlösend	'Graf Althanns Reneclaude', 'Große Grüne Reineclaude', 'Oullins Reineclaude'
Mirabelle	klein, rund, gelbrot, süß-aromatisches Fruchtfleisch	'Metzer Mirabelle', 'Nancy Mirabelle', 'Mirabelle von Flotow'

25

Robustes Beerenobst

Beeren gehören zu den beliebtesten Obstarten, denn sie schmecken lecker und beanspruchen wenig Platz. Pflanzen Sie nur robuste, widerstandsfähige und für Ihren Gartenstandort passende Arten und Sorten, sodass Pflanzenschutzmaßnahmen gar nicht erst notwendig werden. Bei Bedarf können Sie die Abwehrkraft durch den Einsatz von Pflanzenstärkungsmitteln (siehe Seite 70) fördern.
Wie bei allen anderen Naturgartenkulturen gilt auch bei den Beeren: einfache Kulturen bevorzugen. Statt der aufwendig zu kultivierenden Sommer-Himbeeren, versuchen Sie es sicher erfolgreicher mit den robusten Herbst-Himbeeren. Gut geeignet ist 'Autumn Bliss', eine bekannte Sorte für den Garten, die absolut gesund und resistent gegen die Rutenkrankheit ist. Sie benötigt kein aufwendiges Gerüst und lässt sich über einen sehr langen Zeitraum beernten, nämlich von Mitte / Ende Juli bis zu den ersten Frösten im Oktober oder November! Herbst-Himbeeren wachsen, blühen und fruchten an den sogenannten „diesjährigen“ Ruten, die nach der Ernte einfach über dem Boden abgeschnitten werden. Im nächsten Jahr treiben neue Ruten nach.

Gut gepflegt

Die meisten Beerenobstarten stammen aus dem lichten Wald und vertragen ohne Probleme einen schwachsauren Boden. Strauchbeeren sind Flachwurzler und für eine Bodenabdeckung mit Grasschnitt, Stroh oder anderen organischen Materialien dankbar. Dadurch lässt sich auch der Gießaufwand deutlich verringern.

Robuste Stachelbeeren gehören in jeden Garten und fruchten schon im Pflanzjahr.

Ausgesuchte Arten und Sorten

Neben den widerstandsfähigen und robusten Neuzüchtungen gibt es auch ein Sortiment aus dem 19. Jahrhundert, das den Naturgarten mit seiner bunten Fruchtvielfalt bereichert (siehe Tabelle unten).

Nicht nur rote, auch gelbe Himbeersorten liefern herrlich aromatische Früchte.

Strauchbeerenernte leicht gemacht

Wer kennt das nicht: Große, dichte Sträucher erschweren das Ernten bei Stachel- und Johannisbeeren. Einfacher wird es, wenn Sie die Pflanzen wie einen Baum, zu einer so genannten Spindel, erziehen. Beim Pflanzen schneiden Sie alle Triebe bis auf einen ab. Diesen binden Sie dann mehrmals an einen dünnen Pflanzpfahl, damit die Triebspitze stets nach oben zeigt. Spätestens ab dem nächsten Jahr bildet dieser Mitteltrieb Seitentriebe. So entsteht über einen Zeitraum von drei bis vier Jahre ein richtiger kleiner „Baum“, der durchaus eine Höhe von mehr als 2 m erreichen kann – vorausgesetzt, der Mitteltrieb wird regelmäßig angebunden.

Die waagerechten Fruchtäste erneuern Sie nach spätestens drei Jahren, denn die schönsten Früchte wachsen an den jüngeren Trieben. Nach etwa fünf Jahren hört das Spitzenwachstum auf; dann schneiden Sie den ganzen Trieb knapp über dem Boden ab. In der Zwischenzeit haben Sie einen bis zwei günstig stehende Bodentriebe (da es sich um einen Strauch handelt, treiben diese immer an der Basis aus; überschüssige Triebe müssen regelmäßig entfernt werden) ausgewählt, und das Ganze fängt von neuem an. Wer es einmal ausprobiert hat, wird es nicht mehr missen wollen, denn so können Sie die Früchte bequem im Stehen ernten.

Alte und neue Beerensorten

Beerenart	Alte Sorte	Neue Sorte
Rote Johannisbeeren	‘Rote Holländer’	‘Rovada’
Weiße Johannisbeeren	‘Weiße Versailler’	‘Weiße Langtraubige’
Schwarze Johannisbeeren	‘Rosenthals Langtraubige’	‘Titania’
Gelbe Stachelbeeren	‘Hönigs Früheste’	‘Hinnonmäki’
Grüne Stachelbeeren	‘Früheste von Neuwied’	‘Invicta’
Rote Stachelbeeren	‘Frankfurter Himbeer-stachelbeere’	‘Captivator’
Rote Herbst-Himbeeren	‘Zefa Herbsternte’	‘Autumn Bliss’
Gelbe Herbst-Himbeeren	‘Fallgold’	‘Golden Bliss’

Erdbeeren, ja bitte!

Erdbeeren dürfen in keinem Naturgarten fehlen. Eine echte Renaissance erleben derzeit die „guten alten Sorten“, wie die betörende ‘Mieze Schindler’, die 1935 in Dresden von Prof. Otto Schindler gezüchtet und nach seiner Ehefrau benannt wurde. Sie gilt mit ihrem Walderdbeerenaroma als eine der aromatischsten Sorten überhaupt und wird deshalb auch als „Praline unter den Erdbeeren“ bezeichnet. Fein schmeckt auch die aromatische ‘Senga Sengana’; immertragende Sorten wie ‘Mara de Bois’ blühen und fruchten von Juni bis Oktober.

26

Ein eigener Obstbaum im Garten

Obstbäume waren schon immer von zentraler Bedeutung für einen Garten. Sie wurden mit Bedacht für ihren jeweiligen Verwendungszweck ausgewählt, gehegt und gepflegt. Kleinere Wunden an Stamm oder Ästen wurden sofort ausgeschnitten und mit Baumwachs verstrichen. Zum Winter hin wurden die Stämme mit einer Kalkmilch „geweiselt" zum Schutz vor Frostschäden und als Vorbeugung gegen Krankheiten und Schädlinge.
Der Aspekt der Selbstversorgung stand besonders in Notzeiten im Vordergrund. So dienten Apfel und Birne zur Vitaminversorgung im Winter, die Walnuss war aufgrund ihres hohen Gehaltes an hochwertigen Fetten und Ölen sehr beliebt zur Deckung des Energiebedarfes. Nicht zu unterschätzen war auch der soziale Aspekt, wenn sich mehrere Generationen einer Großfamilie zum abendlichen Plausch am Küchentisch beim Nüsse knacken versammelten.
Vor der Pflanzung sollten Sie sich überlegen, welche Funktion Ihr Obstbaum erfüllen soll. Und beachten Sie vor allen Dingen, wie viel Platz er im ausgewachsenen Zustand beanspruchen wird.

Die Unterlage bestimmt die Baumgröße

Je nach gewählter Veredlungsunterlage können Obstbäume unterschiedliche Ausmaße erreichen. Veredelt man beispielsweise die Apfelsorte 'Goldparmäne' auf die schwachwachsende Unterlage M 27, so werden die Bäume nicht viel größer als 2 m. Bringt man die selbe Sorte auf eine starkwachsende Sämlingsunterlage, so kann der Baum eine Höhe von bis zu 10 m bei entsprechender Breite erreichen! Damit es also nach einigen Jahren keine unliebsame

Selbst gepflückt vom eigenen Baum schmecken Äpfel und andere Früchte am besten.

Obstbaum XXL

Wenn die Größe Ihres Gartens es zulässt, haben großkronige Obstbäume auf starkwachsenden Sämlingsunterlagen ihren besonderen Reiz. Solche Bäume können ein hohes Alter erreichen, sind robust und gesund. Darüber hinaus spenden sie an heißen Tagen Schatten und Kühle und werden im Sommer schnell zum bevorzugten Sitzplatz mit ganz besonderem Flair.

Kleine säulenförmig wachsende Obstbäumchen nennt man auch Ballerinas.

Überraschung gibt, lohnt es sich beim Kauf nach der verwendeten Obstunterlage zu fragen. Da die meisten heutigen Gärten nicht besonders groß sind, empfiehlt sich stets ein auf eine schwachwachsende Unterlage veredelter Obstbaum. Dieser bleibt klein und trägt zudem früher Früchte.
Alle schwachwachsenden Unterlagen benötigen dauerhaft einen Pfahl, da sie nicht standfest sind, während bei mittelstark- bis starkwachsenden Unterlagen ein Pflanzpfahl zum Anwachsen ausreicht.

Entsprechend der Wuchsstärke der Unterlage ergeben sich auch die realisierbaren Baum- bzw. Kronenformen:

- Schwachwachsend: Spalierobst, Formobst, Spindel oder Spindelbusch mit einer Lebensdauer von 20–30 Jahren
- Mittelstarkwachsend: Spindelbusch oder Halbstamm mit einer Lebensdauer von 30–40 Jahren
- Starkwachsend: Hochstamm, Solitärbaum oder Streuobstwiese mit einer Lebensdauer von 50–100 Jahren.

Mein Baum, mein Obst

Mögen Sie Äpfel? Dann verzichten Sie zukünftig auf gekaufte Supermarktware und ernten Sie stattdessen in Ihrem Garten: Kein Apfel schmeckt so gut wie ein frisch gepflückter! Die geernteten Früchte können jedoch nicht nur frisch verzehrt werden, sondern eignen sich auch für verschiedene Formen von Verwendung bzw. Lagerung. Das ist bei besonders großkronigen Bäumen, die etwa 200 kg und mehr Äpfel pro Baum liefern, auch erforderlich.

- **Saftbereitung:** Apfel, Birne, Speierling von Hochstämmen
- **Branntwein und Likör:** alle Obstarten
- **Frischobst:** alle Obstarten, Baumobst auf schwachwachsenden Unterlagen
- **Lagerobst:** Apfel, Birne, Quitte, Walnuss, Ess-Kastanie, Ess-Mandel
- **Schattenspender:** Walnuss, Speierling
- **Bienenweide:** Vogelkirsche

Unterlagen und Standraumbedarf

Unterlage	Standraumbedarf	Pflanzabstand	Geeignete Sorten
schwachwachsend: M9, M 27 bei Apfel	5–8 m²	2–2,5 m	Apfelsorte ‘Topaz’, schorf- und mehltauresistent
mittelstarkwachsend: M4 (Apfel) Gisela 5 (Kirschen) St. Julien A (Zwetschgen)	 8–12 m² 15–20 m² 15–20 m²	 3–4 m 4–5 m 4–5 m	 ‘Goldparmäne’ ‘Burlat’, ‘Earlise’ ‘JoJo’, ‘Presenta’
starkwachsend: Sämlingsunterlagen für alle Baumobstarten	70–100 m²	10 x 10 m	‘Ananasrenette’ (Apfel) ‘Hedelfinger Riesenkirsche’ (Süßkirsche) ‘Kaiserbirne mit dem Eichblatt’ (Birne)

27

NEUE GÄSTE IM NATURGARTEN

In einen Naturgarten gehören standortgerechte, regionaltypische und vor allem robuste und widerstandsfähige Arten und Sorten. Das Angebot an neuen Pflanzen wird durch den globalen Handel immer größer. Einige besondere, wie Kiwi oder die Feige, werden in den wärmeren Weinanbauregionen Südwestdeutschlands schon seit vielen Jahren kultiviert. Der Klimawandel mit zunehmender Erwärmung ermöglicht ihren Anbau nun auch in anderen Regionen Deutschlands. Bei diesen nicht heimischen Obstarten handelt es sich oft um wärme- und sonnenliebende, meist mediterrane Pflanzen, die nur bedingt frost- bzw. winterfest sind. Daher sollten Sie diese Pflanzen stets an den wärmsten Platz im Garten, wind- und frostgeschützt pflanzen. Die meisten lassen sich recht einfach bei uns kultivieren. Dennoch fehlt bei einigen Arten die langjährige Erfahrung im Anbau. Falls Sie in

Einige ausgewählte Exoten

Pflanze	Merkmale	Verwendung	Schutzmaßnahmen
Andenbeere, Kapstachelbeere *Physalis peruviana*	Aussaat im Frühjahr, nicht winterhart	Naschfrucht, hübsche Dekoration	Pflanze zurückschneiden, 30 cm dick mit Laub abdecken oder frostfrei überwintern
Kiwi, Chinesischer Strahlengriffel *Actinidia deliciosa*	Rankgerüst erforderlich hoher Wasserbedarf, robust, wind- und frostempfindlich	frische Früchte am einjährigen Holz ab Anfang Oktober Marmeladen, Gelees und Saft	geschützt an Hauswand setzen
Kiwi, Scharfzähniger Strahlengriffel *Actinidia arguta*	Rankgerüst erforderlich unter dem Namen 'Weiki' oder Bayern-Kiwi im Handel	Früchte nur stachelbeergroß, unbehaart, können mit Schale verzehrt werden	extrem frosthart (bis −30 °C) widerstandsfähig gegen Krankheiten und Schädlinge
Feige *Ficus carica*	typischer Hausstrauch der Weinregionen, spät austreibend und wärmeliebend, wind- und frostempfindlich	frische Früchte ab September	geschützter Standort an Hauswand friert bei Temperaturen unter −15 °C oberirdisch ab, regeneriert sich aber aus dem Wurzelstock
Kaki-Pflaume *Diospyros kaki*	bitterstoffarme Sorten wählen kleiner Baum	wunderbarer Blüten- und Fruchtschmuck	gute Frosthärte bis −20 °C, Frostschutz nur in den ersten beiden Jahren
Granatapfel *Punica granatum*	Früchte reifen im Weinbauklima aus kleiner Baum oder Strauch	dekorativer Fruchtschmuck im Herbst	nach der Jugendphase frosthart bis −20 °C
Japanische Wollmispel *Eryobotria japonica*	immergrüner Baum, bis zu 7 m hoch	birnen- / pflaumenförmige Früchte (Loquats)	erwachsene Bäume haben eine ausreichende Winterhärte
Indianerbanane, Papau, Pawpaw *Asimina triloba*	klein bleibender Baum	interessanter Blüten- und Herbstschmuck	frosthart bis −25 °C geringe Anfälligkeit gegen Krankheiten und Schädlinge
Olivenbaum *Olea europaea*	meist als kleiner Baum oder Strauch	blüht und fruchtet in warmen Regionen	verträgt nur kurzzeitig Temperaturen bis −10 °C
Japanische Faserbanane *Musa basjoo*	einziehende Staude	imposanter Blattschmuck	mit 30 cm Falllaub abdecken

höheren Lagen oder klimatisch ungünstigeren Regionen wohnen, ist für den Anfang eine Kultur im Topf mit frostfreier Überwinterung sicher sinnvoller.
Bei der Auswahl der Arten und Sorten sollte – genau wie bei den heimischen Gewächsen – die Robustheit und Widerstandsfähigkeit gegen Krankheiten und Schädlinge an erster Stelle stehen. Sonst gibt es Gartenfrust statt Gartenlust!

Sicher überwintern

Die mangelnde Frosthärte vieler Exoten kann zu Schäden und sogar zum Absterben der Pflanzen führen. Doch meist sind es nicht die tiefen Frosttemperaturen, die den Pflanzen zusetzen, sondern die sogenannte Frosttrocknis: Durch kalte Winde wird den Pflanzen Wasser entzogen und sie vertrocknen, weil sie aus dem gefrorenen Boden nicht genügend Wasser nachziehen können. Gießen Sie deshalb in frostfreien Perioden regelmäßig.
Zum Schutz sollten Sie spezielle Maßnahmen ergreifen:

- Einwickeln mit Wärmeschutzvlies, Schutzhauben oder Topfhauben; keine Folie verwenden!
- Abdecken mit Reisig oder Laub (mindestens 30 cm hoch, mit Kaninchendraht vor Verwehung schützen)
- Frostfreie Überwinterung, z.B. im Wintergarten

Bei teuren, großen Pflanzen, wie beispielsweise alten Olivenbäumen lohnt es sich, für die Überwinterung ein gut belüftetes Gewächshaus mit Frostwächter über der jeweiligen Pflanze zu bauen.

Kürzt man die langen Schlingtriebe der Kiwi regelmäßig auf etwa einen halben Meter ein, werden die Pflanzen nicht so groß und fruchten schneller.

Die Andenbeere liebt volle Sonne und ihre Früchte sind sehr gesund, aber sie ist in unseren Breiten nicht winterhart.

Ein Paradies für Kinder

Im eigenen naturnahen Garten können Sie schon kleinen Kindern einen herrlichen Draußen-Spielplatz bieten. Dort laden Sträucher und Hecken, Wasserstellen und Wildblumenbeet ein, auf spielerische Weise heimische Tiere und Pflanzen kennenzulernen.

Naschpflanzen fürs Kinderbeet

- Ballerina-Apfelbaum
- Cocktail-Tomaten
- Erbsen
- Erdbeeren
- Himbeeren
- Johannisbeeren
- Kapuzinerkresse
- Kräuter wie Zitronenmelisse und Minzen für Tee
- Kürbis oder Zierkürbis
- Mais
- Mini-Salatgurken
- Radieschen
- Sonnenblumen
- Zucchini

Auf einem eigenen Beet können Kinder so richtig im Erdreich wühlen und erste Erfahrungen im Säen, Pflanzen, Pflegen und Ernten sammeln. Sie übernehmen selbst die Verantwortung für ihren Garten, gestalten ihn vielleicht mit gesammelten Steinen oder anderen Naturmaterialien. Das ist in der heutigen Zeit, in der digitale „Scheinwelten" immer mehr Raum im Leben der Kinder einnehmen, besonders wichtig. Zudem bietet das eigene Beet den Kindern erste Erfahrungen mit „selbst gemachten" Erfolgen.

Auf Entdeckertour

Kinder klettern und bauen gern. Ein Haus- oder Obstbaum mit stabilen Ästen in Kopfhöhe bietet sich zum Erobern an. Dort kann auch ein Baumhaus oder, falls die

Von dort oben sieht die Welt ganz anders aus: Kinder müssen ihre Kräfte spüren, damit sie ihre Grenzen kennen- und erweitern lernen.

Ein Fledermausbeet

Mögen Zwergfledermäuse, Große Mausohren und andere heimische Fledermäuse Blumen? Natürlich nicht, aber sie stehen auch auf Nachtfalter – und diese können Sie mit intensiv duftenden Nachtblumen anlocken: Geißblatt, Garten-Levkoje, Mondviole und Nachtkerze gehören daher aufs Fledermausbeet.

Frisch gepflückt schmeckt's am besten: Solche Grunderfahrungen gehören zur Kindheit dazu.

Stabilität der Äste nicht ausreicht, ein Balkon auf Stelzen errichtet werden. Strickleiter oder Kletterseil führen in die luftige Unterkunft, wo bald Äpfel oder andere Früchte beim Spielen frisch geerntet werden können.

Auch ein Haselnussstrauch sollte in keinem Kinderparadiesgarten fehlen: Dort tummeln sich viele Tiere zum Kennenlernen, aus den Ästen lassen sich leicht Stecken für Stockbrot oder gegrillte Würstchen schneiden – und frische Haselnüsse sind einfach lecker. Schmetterlinge lassen sich von blühendem Sommerflieder (*Buddleja davidii*), Echtem Roseneibisch (*Hibiscus syriacus*), Indianernessel (*Monarda didyma*), Phlox (*Phlox*-Arten) und Thymian (*Thymus*-Arten) anlocken.

Eine Wasserstelle gehört in jeden Kinder-Garten. Haben Sie noch kleine Kinder, so wählen Sie ein kleines Wasserspiel. Sind die Kinder schon größer, kann es im kleinen Garten ein Miniteich oder ein mit einer natürlichen Uferzone versehener Gartenteich sein, im großen Garten gar ein richtiger Schwimmteich. Verzichten Sie auf Goldfische oder Kois, so finden sich bald Molche, Kröten und Frösche ein. Müssen es doch Fische sein, so wählen Sie heimische Arten wie Bitterling oder Moderlieschen, die Sie in jeder Zoohandlung bekommen können.

Ein Versteck muss her

Kinder lieben Verstecke, in die sie sich gern zurückziehen und der Aufsicht durch die Eltern entkommen. Aus Weidenästen können Sie ein Tipi bauen, das sich mit der Zeit selbst begrünt. Dauert Ihnen das zu lang, stecken Sie für das Tipi Bohnenstangen kreisförmig in den Boden, verbinden diese oben in der Mitte und lassen einjährige Kletterpflanzen daran wachsen.

Dafür eigenen sich besonders folgende Pflanzen:

- Duftwicke (*Lathyrus odoratus*)
- Efeu (*Hedera helix*) an schattigen Plätzen
- Feuerbohnen (*Phaseolus coccineus*) Achtung, die rohen Früchte sind giftig – aber auch das müssen Kinder lernen!
- Hopfen (*Humulus lupulus*)
- Kapuzinerkresse (*Trapaedun majus*) kletternde Sorten wählen
- Zierkürbis (*Cucurbita pepo*)

Einen windgeschützten Platz, an dem sich auch viele Tiere wohlfühlen, können Sie auch mit einem Hügel und einer Trockenmauer schaffen. In den Ritzen der Trockenmauer blühen duftende Kräuter – in deren Schutz spielen kleine Kinder gern oder große Kinder und Jugendliche ziehen sich dorthin mit ihren Freunden zurück. Wenn Sie dort noch – natürlich kindersicher – eine Feuerstelle mit gemütlichem Sitzplatz (evtl. eine steinerne Stufe oder Bank vor der Trockenmauer) einrichten, wird Ihr Garten zum Paradies für Groß und Klein.

Rauf auf die Bäume, mit den Händen in der Erde – gut geerdet gedeihen Kinder besser

Blumige Beete

Blumen sind ein wichtiges, vielleicht sogar das wichtigste Element im Garten, denn sie erfreuen nicht nur unser Auge, sondern sind wertvolle Nektar- und Pollenlieferanten für viele Insekten.

Blühendes für Ihren Garten

Heutzutage gibt es für den Hausgarten eine schier unüberschaubar große Auswahl an blühenden Pflanzen, auch dank der zahllosen züchterischen Erfolge. Ursprünglich aus den Tropen und Subtropen stammende Pflanzen sind züchterisch so verbessert worden, dass sie nun eine erhöhte Kälte- und Krankheitsresistenz haben.

Das Auftreten von größeren oder gefüllten Blüten in großer Farbpalette ist den Pflanzenzüchtern zu verdanken. Aus Pflanzensicht stellen heutige Gärten fast eine botanische Weltreise dar: Dahlien aus Mexiko, *Phlox* und *Echinacea* aus Nordamerika, Chrysanthemen aus dem asiatischen Raum, Mittagsblumen aus Südafrika und Kapuzinerkresse aus Südamerika. Wunderschön und bunt blüht es in unseren Gärten – leider nicht immer im Einklang mit den hiesigen Bedingungen. Viele Blumen sind nicht an unsere Standortbedingungen angepasst und bedürfen spezieller Düngung und Pflanzenschutzmaßnahmen, um überhaupt durchgebracht zu werden. Zudem sind viele hochgezüchtete und exotische Blumen kein Plus für die heimischen Tiere. Je mehr von diesen Blumen in Ihrem Garten wachsen, umso weniger heimische Tiere können Sie beobachten. Denn nur selten sind Exoten so interessant wie der Sommerflieder, ein guter Pollenspender, der ursprünglich aus China stammt.
Diese Gedanken sollen Sie natürlich nicht davon abhalten, Ihren Garten in ein Meer von Blumen zu verwandeln. Am besten lassen Sie sich von alten Bauerngärten inspirieren. Achten Sie darauf, dass Sie eine Vielzahl von heimischen Blütenpflanzen mit in die Gestaltung einbeziehen. Denn auch die Auswahl der Blumen für den naturnahen Garten ist riesengroß.

Ungefüllte Dahlien sind immer den gefüllten vorzuziehen, aber auch hier gilt: die Mischung macht's.

Bausteine für blumige Beete

Die dominante Lupine setzt mit ihren starken Blüten schöne Kontraste zum Grün der Sträucher.

Wilde, imposante Pionierpflanzen

Golddistel *Carlina vulgaris*
Wilde Karde *Dipsacus fullonum*
Kugeldistel *Echinops sphaerocephalus*
Rosen-Malve *Malva alcea*
Wilde Malve *Malva sylvestris*
Gewöhnliche Nachtkerze *Oenothera biennis*
Eselsdistel *Onopordum acanthium*
Echtes Seifenkraut *Saponaria officinalis*
Großblütige Königskerze *Verbascum densiflorum*
Windblumen-Königskerze *Verbascum phlomoides*

Heimische Wildblumen

Auch heimische Wildblumen sollten in Ihrem Garten gedeihen. Diese Blumen fördern das Vorkommen von Nützlingen, die Ihnen dabei helfen, dass Schädlinge nicht überhand nehmen. Machen Sie doch einmal einen Spaziergang in die nähere Umgebung und schauen Sie, welche Wildblumen sich in Ihrer Heimat wohlfühlen. Oder Sie lassen die Wildkräuter in Ihrem Garten stehen und warten, bis diese zur Blüte kommen. So entdecken Sie den einen oder anderen Schatz: Gerne gesellt sich etwa die Licht-Nelke (*Silene dioica*) ins Staudenbeet und schwebt denn mit ihren hübschen Blüten über den anderen Frühsommerblühern wie den Pfingstrosen. Auch der Blutrote Storchschnabel (*Geranium sanguineum*) und der Gemeine Beinwell (*Symphytum officinale*) sind mit ihren schönen Blüten eine Bereicherung für jede Blumenrabatte und kommen oft von ganz allein in den Garten.
Jede Wildpflanze, der Sie einen Platz in Ihrem Garten geben, steht am Anfang einer Nahrungskette. Sie werden merken: Je vielfältiger die einheimischen Pflanzen in Ihrem Garten sind, umso vielfältiger sind hier auch die Tiere.

Blumen richtig pflegen

Schneiden Sie verblühte Blüten regelmäßig ab, um die Blühfreudigkeit zu erhalten. Wuchern einige Stauden zu stark, müssen sie geteilt und mit einer Wurzelsperre wieder eingepflanzt werden. Düngen Sie am besten mit Kompost. Aber auch dabei gilt lieber weniger als zu viel, denn einige Sommerblüher wie etwa die Schmuckkörbchen (*Cosmos bipinnatus*) entwickeln bei zu großem Stickstoffangebot mehr Blätter als Blüten.

28

HEIMISCHE WILDBLUMEN

Aufgrund der zunehmenden Kultivierung und Versiegelung unserer Landschaft sind viele sehr attraktive Wildblumenarten in Gefahr. Deshalb wird das Ansiedeln von gefährdeten Arten im Garten noch wichtiger, denn der Garten dient als letzter Zufluchtsort für diese Pflanzen.

Viele, teilweise schon sehr selten gewordene Pflanzen können Sie besonders schön mit allen Zuchtformen in Ihrem Garten kombinieren. Dazu gehören beispielsweise die Kornblume (*Centaurea cyanus*), die früher überall an Äckern zu sehen war, die Echte Schlüsselblume (*Primula veris*), die wegen der Zerstörung ihres Lebensraums selten geworden ist sowie die Pfirsichblättrige Glockenblume (*Campanula persicifolia*).

Wildblumen können Sie wie Kulturpflanzen in den Garten pflanzen. Hierbei sollten Sie aber einige Regeln beachten: Wildblumen sind von Natur aus meist zierlicher als die hoch gezüchteten Gartenblumen und besitzen weniger auffallende Blüten in meist dezenteren Farben. Sie kommen am besten zur Geltung, wenn Sie sie in Gruppen pflanzen und ihre Wuchshöhen und Blühzeiten beachtet. Herbstblüher sollten Sie so platzieren, dass ihre Blätter im Sommer die abgestorbenen Pflanzplätze der Frühlingsblüher bedecken. Hohe Pflanzen bilden den Hintergrund für die Pflanzung. Als Unterpflanzung für Bäume, also in schattigen, oft doch etwas problematischen Bereichen, eignen sich Waldblumen, wie beispielsweise Roter Fingerhut (*Digitalis purpurea*) und Schlüsselblumen (*Primula*-Arten). Besonders prächtig ist ein Beet mit Pionierpflanzen wie der Wilden Karde (*Dipsacus fullonum*), Großblütiger sowie Kleinblütiger Königskerze (*Verbascum thapsus*), Kugel- und Eselsdistel (*Echinops*-Arten und *Onopordum acanthium*). Für ein solches Wildblumenbeet brauchen Sie eine Fläche von etwa 10 m². Wenn Sie dieses Beet etwas über die Grundfläche Ihres Gartens erheben, wirken die Pflanzen noch präsenter. Und wenn Sie die Samenstände erst im Frühjahr zurückschneiden, können Sie im Winter Stieglitze und andere Vögel beobachten, die daran picken.

Der richtige Hintergrund

Säen Sie Wildblumen vor einer Hecke aus, das schafft besonders vielfältige Lebenswelten für Kleinlebewesen. Eine immergrüne Hecke bildet zudem einen ruhigen Hintergrund für die farbenfrohen Hauptfiguren im Vordergrund.

In unseren Gärten können sich unter Obstbäumen im Frühjahr wahre Blütenteppiche entfalten, wenn die Busch-Windröschen zu blühen beginnen.

Die Schönheit einer Distel offenbart sich immer erst beim genauen Hinschauen.

Die besten Wildblumen für den Garten

Feuchte Standorte
Bär-Lauch *Allium ursinum*
Gemeiner Beinwell *Symphytum officinale*
Roter Fingerhut *Digitalis purpurea*
Rote Lichtnelke *Silene dioica*
Mädesüß *Filipendula ulmaria*
Echte Schlüsselblume *Primula veris*
Großer Wiesenknopf *Sanguisorba officinalis*
Heil-Ziest *Stachys officinalis*

Trockene Standorte
Glockenblume *Campanula*-Arten
Gewöhnliche Grasnelke *Armeria maritima*
Heide-Nelke *Dianthus deltoides*
Echte Kamille *Matricaria recutita*
Königskerze *Verbascum densiflorum*
Kornblume *Centaurea cyanus*
Margerite *Leucanthemum vulgare*
Natternkopf *Echium vulgare*
Sonnenröschen *Helianthemum salicifolium*
Weißer Mauerpfeffer *Sedum album*
Wildes Stiefmütterchen *Viola tricolor*
Acker-Witwenblume *Knautia arvensis*
Busch-Windröschen *Anemone nemorosa*

Wildblumen ansiedeln

Möchten Sie Wildblumen im Garten ansiedeln, die sich noch nicht von allein eingefunden haben, so dürfen Sie diese nicht einfach aus der Natur entnehmen. Sie können aber die Samen bedingt sammeln und werden nach der Aussaat merken, ob sich diese Blumen in Ihrem Garten ansiedeln möchten.

Sie können aber auch hochwertiges Saatgut kaufen. Achten Sie hierbei auf eine gute Qualität. Die Samen müssen Sie nicht einrechen, sondern nur anwalzen oder -drücken. Bei Trockenheit müssen Sie den Boden in den ersten sechs Wochen konsequent feucht halten. In den letzten Jahren hat sich auch ein Markt für Wildpflanzen als Topfkultur entwickelt. Diese können Sie ganzjährig pflanzen, den besten Zuwachs bekommen Sie aber immer im Frühjahr.

29

Stauden, Zwiebel- und Sommerblumen

Ihren Ziergarten können Sie mit einer entsprechend bepflanzten Staudenrabatte, mit einem Steingarten oder einem Sommerblumenbeet naturnah gestalten. Als Futterpflanzen und Pollenspender sind bei vielen Insekten und anderen Gartenbewohnern folgende Blumen besonders beliebt: Lerchensporn (*Corydalis*), Schlüsselblume, Malve, Stauden-Salbei, Hauhechel (*Ononis*), Staudenwicke, Ziest, Taubnessel, Kriechender Günsel (*Ajuga reptans*), Schwarznessel (*Ballota nigra*), Edel-Gamander (*Teucrium chamaedrys*), Thymian, Glockenblume, Sandglöckchen (*Jasione*), Lungenkraut, Gemeiner Beinwell, Fetthenne (*Sedum*-Arten), Blaukissen, Gold-Schafgarbe, Rainfarn, Mutterkraut, Schwertalant, Echter Alant, Edeldistel (*Eryngium*) und Kugeldistel. Gute Nahrungsquellen sind außerdem Zwiebelblumen, wie z.B. Traubenhyazinthen und alle Zier-Laucharten.

Immerblühende Beete

Lassen Sie Ihren Garten das ganze Jahr über blühen. Die Zwiebelblumen beginnen die Saison. Pflanzen Sie üppig Schneeglöckchen (*Galanthus nivalis*) und Winterlinge (*Eranthis hyemalis*), Wunderlauch (*Allium paradoxum*) und gelbe Narzissen. Bei Zwiebelblumen dürfen Sie nicht sparen. Um einen richtigen Blütenteppich zu erhalten, brauchen Sie 10 bis 20 Zwiebeln / Knollen pro m^2 und Art. Große Zwiebelblumen wie die Kaiserkrone fühlen sich schon zu dritt wohl.

Nektarpflanzen

Viele blühende Gewürzkräuter wie Dill, Dost, Liebstöckel, Salbei, Melisse, Thymian, Lavendel und Lauch ziehen Schmetterlinge magisch an. Bienen verschaffen Sie mit einer Bienenweidenmischung als Gründüngung (siehe Seite 20) hervorragende Nektartankstellen.

Der Scheinsonnenhut (*Echinacea*) gehört zwar nicht zu den heimischen Blumen, wird aber gerne von Insekten als Nektarquelle und Unterschlupf im Winter angenommen.

Das Schönste, was einem die Natur schenken kann, ist ein Garten voller Schmetterlinge.

Blüten für Schmetterlinge

Schmetterlinge suchen Nektarpflanzen auch aus großer Entfernung auf. Darum können Sie etwa mit Blaukissen, Felsen-Steinkraut, Wiesen-Schaumkraut, Katzenminze und Fetthenne Tagpfauenauge, Kleiner Fuchs oder Taubenschwänzchen in Ihren Garten locken, auch ohne Raupenfutterpflanzen. Blüten in Orange-, Rot-, Gelb-, Violett- und Pinktönen wirken besonders anziehend auf tagaktive Schmetterlinge. Nachtfalter werden von hellen, am besten weißen Blüten angelockt, da diese das Licht in der Dämmerung reflektieren und dann besonders gut zu erkennen sind. Mit Nachtkerzen, Seifenkraut, Phlox und Ziertabak, an der Terrasse gepflanzt, können Sie die nachtaktiven Schmetterlinge an Sommerabenden sehr gut beobachten!

Im Frühsommer verabschieden sich Vergissmeinnicht unter den Blüten. Akelei, Tränendes Herz, Marien-Glockenblume, Malven aller Arten und Fingerhut sowie Königskerze setzen die Saison fort. Dann gestalten wildstaudenartige Blumen wie Astilben, Eisenhut, alle Storchschnabel-Arten, Nelkenwurz, Salbei und Astern, aber auch Farne und Gräser ein lebendiges Beet. Zwischen diesen Stauden können Sie, um die Artenvielfalt zu erhöhen, einjährige Sommerblumen aussähen: Ringelblumen, Jungfer im Grünen, Löwenmäulchen und Trichtermalven setzen bunte Tupfen.

Das Blumenjahr klingt mit Dahlien aus, die zwar nicht heimisch sind, mit ungefüllten Blüten aber trotzdem einen Nutzwert für die hiesige Tierwelt haben. Starke und süßliche Düfte, wie die der Wicken, locken Tag- und Nachtfalter an. Viele der neueren Pflanzenzüchtungen und Sorten haben jedoch meist gefüllte, nektarlose Blüten mit wenig Duft. Daher sind ungefüllte Sorten oder Wildkräuter im Naturgarten stets zu bevorzugen. Wer sie wählt, kann mit den Blütenpflanzen viele Schmetterlinge und, man staune, Fledermäuse anziehen, die sich von Nachtfaltern ernähren.

30

ROSENCHARME

Kaum eine Blume hat eine längere und schönere Geschichte in der Gartenkultur als die Rose. Sie steht für Liebe und Schönheit. Einer Rose seinen Namen zu geben bedeutet eine große Ehre. Geliebt, gehegt und hoch gezüchtet gehören Rosen aber auch zu den Pflanzen im Garten, die den meisten Pflanzenschutz brauchen. Daher stellt sich rasch die Frage, ob Rosen überhaupt in einen Naturgarten passen. Ja, natürlich: Geeignete Rosen für den naturnahen Garten sind beispielsweise die alten Gartenrosensorten, die züchterisch von den 40 heimischen Wildrosen abstammen. Ökologisch sind diese fruchtbaren, Hagebutten bildenden un- oder halbgefüllten Rosen sinnvoll, da sie von den heimischen Tieren gern als Versteck und Nahrungsquelle angenommen werden. Zudem haben sie gegenüber den reinen Wildformen noch weitere Pluspunkte: längere Blühzeiten, dichterer Blütenbehang, vielfältige Blütenfarben. An einem optimalen Standort gesetzt, sind sie sehr pflegeleicht und bedürfen kaum des Einsatzes von Pflanzenschutzmitteln. Wählen Sie wurzelechte Pflanzen, denn veredelte bilden oft lästige Wildtriebe.

Naturnahe Gartenrosen

Konditor-Rose ***Rosa gallica*** **'Conditorum'**
Apotheker-Rose ***Rosa gallica*** **'Officinalis'**
Weiche Essig-Rose ***Rosa mollis × gallica*** **'Complicata'**
Burgunder Alpen-Rose ***Rosa pendulina*** **'Bourgogne'**
Breitblättrige Bibernell-Rose ***Rosa spinosissima***
Rote Bibernell-Rose ***Rosa spinosissima*** **'Single Red'**
Prächtige Weinrose ***Rosa rubiginosa*** **'Magnifica'**

Bodendeckende Rosen

Hunds-Rose ***Rosa canina***
Dunwich-Bibernell-Rose ***Rosa spinosissima*** **'Dunwich'**
Kriechende Bibernell-Rose ***Rosa spinosissima*** **'Repens'**
Blassrote Kriechrose ***Rosa × polliniana***
Diese Rosen eignen sich wunderbar zur Begrünung, etwa von alten Zäunen.

Ungefüllte Wildrosen verzaubern mit ihrem Charme und bieten gleichzeitig Nahrung für Insekten.

Achten Sie beim Kauf von Rosen nicht nur auf die Farben und die Wuchshöhe, sondern auch auf das ADR-Siegel.

Staudenpartner für Rosen

Im Naturgarten bieten sich als Partner für die alten Gartenrosen, die oftmals nur einmal im Jahr blühen, diese Wildstauden an.

Kriechendes Seifenkraut ***Saponaria ocymoides***
Polei-Minze ***Mentha pulegium***
Warzen-Wolfsmilch ***Euphorbia verrucosa***
Kleines Habichtkraut ***Hieracium pilosella***
Pfennigkraut ***Lysimachia nummularia***
Kriechender Günsel ***Ajuga reptans***
Gewöhnlicher Gundermann ***Glechoma hederacea***
Kriechende Hauhechel ***Ononis repens***

Rosige Zeiten

Damit Sie aber über Jahrzehnte Freude an Ihren Rosen haben, müssen Sie unbedingt auf den richtigen Standort und die richtige Vorbereitung des Bodens achten, gerade im Naturgarten:

> Rosen sind Sonnenkinder! Dennoch vertragen sie keine glühende Sonne in Südlage, sondern gedeihen sehr gut in Südost- und Südwestlagen. In Schattenlagen und an windigen oder extrem windstillen Plätzen sollten Sie auf Rosen verzichten, denn dort leiden sie häufig unter Läusen und Mehltau.

> Pflanzen Sie neue Rosen nicht auf alte Rosenbeete, denn dort ist der Boden rosenmüde.

Haben Sie in Ihrem Garten den besten Standort für Ihre Rosen gefunden, bereiten Sie den Boden vor. Der beste Boden wäre ein tiefgründiger, tiefgelockerter, etwas sandiger, humoser Lehmboden mit einem pH-Wert zwischen 6 und 7. Haben Sie diese optimalen Voraussetzungen nicht, müssen Sie den Boden bis in 70 cm Tiefe verbessern. Lehm- oder Tonböden werden mit Sand, Kompost und Steinmehl angereichert, sandige Böden werten Sie mit Stein- oder Tonmehl und viel Kompost auf. Pflanzen Sie Knoblauch zur Rose; das stimuliert die Rose, noch besser zu duften. Viele Neuzüchtungen sind wenig pilzanfällig: Achten Sie beim Kauf Ihrer Rosen auf das ADR-Zertifikat (ADR = Anerkannte Deutsche Rosen). Dieses bekommen nur robuste Rosen, wenn sie in verschiedenen Rosengärten mehrere Jahre lang ohne chemischen Pflanzenschutz gesund geblieben sind.

Der Sonnengarten

Dächer sind dazu da, das Innere eines Bauwerkes vor Regen zu schützen. Werden sie nicht zum Sammeln von Regenwasser (siehe Seite 30) genutzt, haben sie meist keine weitere Funktion. In Deutschland „liegen" Millionen von Quadratmetern Dachfläche nutzlos herum! Dabei könnten Sie sie in zweifacher Hinsicht umweltschonend und sogar gewinnbringend für Mensch und Natur nutzen: mit einer Dachbegrünung, auf der Sie einen „Sonnengarten" installieren!

Sinnvolle Dachnutzung

In einem Obstgarten erntet man Obst, im Gemüsegarten Gemüse und in einem Sonnengarten erntet man Sonnenenergie, das ist doch sonnenklar, oder? Aber wie können Sie aus dem eigenen Solargarten Sonnenenergie „ernten"? Grundsätzlich gibt es zwei Möglichkeiten, die Energie der Sonne zu nutzen:

- Mit Hilfe von Fotovoltaik-Anlagen wird Sonnenenergie in Solarzellen direkt in elektrische Energie umgewandelt. So können Sie aus Sonnenstrahlen Strom erzeugen. Dieser wird nach der Umwandlung in Wechselstrom direkt in das Stromnetz eingespeist.
- Bei der Fotothermie bzw. Fotothermik wird die Sonnenenergie in Sonnenkollektoren (engl. to collect = sammeln) gesammelt und in einen Wärmespeicher transportiert. Diesen können Sie zur Erwärmung des täglich benötigten Brauchwassers im Haushalt nutzen.

Jedes Dach bietet genug Fläche um Energie zu ernten, nur die Ausrichtung muss stimmen.

Das Potenzial der Sonnenenergie ist immens. Dies verdeutlicht ein Rechenbeispiel: Würde man 2 % der Fläche Deutschlands (das wären etwa 7100 km²) mit entsprechenden Anlagen versehen, so könnte man auf diese Weise den gesamten jährlichen Energiebedarf des Landes decken! Dazu würden vorrangig Fotovoltaik-Anlagen auf Dächern genügen, ohne dass zusätzliche Fläche verbraucht oder versiegelt werden müsste. Deutschlandweit wird das Dachflächenpotenzial für Fotovoltaik-Anlagen auf 161 GWp (Gigawatt peak) geschätzt. Bisher wurde nur ein Bruchteil dieses Potenzials ausgeschöpft. Neue, innovative Materialien und Technologien werden die Entwicklung sicher beschleunigen.

Die Idee: Grünes Dach plus Sonnengarten

Von der Ausrichtung her gibt es reichlich günstig gelegene Dächer in Deutschland. Warum also nicht das eine mit dem anderen verbinden und einen Sonnengarten mit einem attraktiven Gründach kombinieren?
Nutzen Sie Dächer von (Garten-) Häusern, Garagen und Carports, „ernten" Sie Energie und schaffen Sie Lebensraum für Tiere und Pflan-

zen. Folgende Vorteile bietet ein begrünter Sonnengarten:

- Verbesserung des Kleinklimas dank der Erhöhung der Luftfeuchte mit Kühleffekt (Verdunstungskälte) durch die Pflanzen
- Einsparung von Energiekosten durch Dämmwirkung
- Langlebigkeit des Daches dank der schützenden Wirkung der Pflanzendecke
- Schallschutz
- Reduzierung der Windgeschwindigkeit
- Regenwasserrückhalt: Extensive Dachbegrünungen können bis zu 50 % des Regenwassers speichern, intensive Begrünungen speichern mehr als 90 %! Das ist aktiver Hochwasserschutz und spart zusätzlich Abwassergebühren!
- Filterwirkung der Pflanzen
- Schaffung von zusätzlichen Grünflächen durch Entsiegelung und somit erweiterter Lebensraum für Pflanzen und Tiere

Mit der Schaffung eines lebendigen Gründachs mit Sonnengarten tun Sie vielerlei Gutes: Sie produzieren ökologischen Strom, der sich auch für Sie rechnet und sparen dadurch große Mengen klimawirksames Kohlenstoffdioxid (CO_2).

Ein Gartenhaus mit Dachbegrünung bietet zusätzlichen Lebensraum und kann gleichzeitig für die „Energieernte“ genutzt werden.

Pflanzen für lebendige Dächer

Auf Dächern herrschen extreme Bedingungen: Im Sommer ist es glühend heiß, im Winter bitterkalt. Doch auch diesem harten Leben trotzen etliche heimische Pflanzen, die mit ihren hübschen Blättern und bunten Blüten lebendige Akzente auf tristen Dachlandschaften setzen. Dazu gehören beispielsweise Mauerpfeffer (*Sedum*) und Hauswurz (*Sempervivum*) in verschiedenen Arten und Sorten, Habichtskräuter (*Hieracium*), Dach-Pippau (*Crepis tectorum*), Thymian (*Thymus*) und Platthalm-Rispengras (*Poa compressa*).

Bäume und Sträucher

Bäume und Sträucher schaffen dreidimensionale Räume im Garten und setzen kraftvolle, senkrechte Akzente. Sie vermitteln zwischen hohen Gebäuden und kleineren Gartenstrukturen, bieten Lebensraum und sorgen für frische Luft.

KLIMASCHÜTZER UND GRÜNE LUNGEN

Ein Garten ohne Bäume und Sträucher – das geht doch gar nicht. Die in die Höhe strebenden Gehölze bilden wie Säulen und Wände einen beständigen Raum in Ihrem Garten für die bunten Blumen und filigranen Kräuter, die kurzzeitig abwechslungsreiche Höhepunkte setzen.

Aber Bäume und Sträucher sind noch mehr. Sie spielen eine wichtige Rolle für das Klima der Erde. Wie grüne Lungen setzen die unzähligen Blätter der Gehölze dank dem Fotosynthese genannten Produktionsprozess Sauerstoff frei und filtern Schadstoffe aus der Luft. Staub und andere feine Schwebteilchen aus der Luft setzen sich nämlich auf den Blättern ab und werden mit dem nächsten Regen in den Boden gespült. Darum ist es günstig, wenn Sie an stark befahrenen Straßen den Garten mit einer dichten, hohen Hecke aus Sträuchern oder sogar Koniferen umgeben.

Bäume und Sträucher produzieren dauerhaftes Holz und bilden daraus Wurzeln, Stämme, Äste und Zweige. Darum werden sie auch Gehölze genannt. Um Holz zu produzieren, entziehen die Pflanzen Kohlenstoffdioxid aus der Luft und fixieren es auf Jahrzehnte, wenn nicht sogar auf viele Jahrmillionen wie bei den Bäumen der Steinkohlewälder, in ihrem Holz. So reduziert jeder Baum auf natürliche Weise den klimawirksamen Kohlenstoffdioxidgehalt der Atmosphäre. Das ist Klimaschutz pur.

Vogelbeeren, wichtige Vogelnahrung, hängen lang in den Winter hinein an den Bäumen.

Bausteine für wichtige Gehölze

- **31** Ein Hausbaum muss sein
- **32** Sträucher als bunte Lebenswelten
- **33** Immergrüne Nadelbäume

Frische Luft und grüner Lebensraum

Gehölze verbessern das Klima in Ihrem Garten auch spürbar: An einem heißen Sommertag ist es unter Ihrem Hausbaum

Auch das bieten Bäume: Stabile „Aufhänge-Pfosten“ für eine Hängematte, in der es sich noch einmal so gut leben lässt.

oder in einer von Sträuchern umstandenen Laube wesentlich frischer als zwischen den steinernen Wänden eines Innenhofs. Gehölze spenden nämlich nicht nur Schatten, sondern verdunsten auch jede Menge Wasser, das die Luft kühlt. An windigen Herbsttagen wirken Bäume und Sträucher wie Bremsen, die Ihnen Windschutz bieten – und in kalten Nächten oder im Winter sorgen die Gehölze dafür, dass Ihr Garten nicht so stark auskühlt. Diesen Effekt spüren Sie auch in lauen Sommernächten.

Bäume und Sträucher tun aber noch mehr Gutes: Sie sind Lebensraum für unzählige Insekten, Vögel und andere Tiere, die in den ausladenden Kronen reichlich Nahrung, Versteck- und Brutmöglichkeiten finden. Besonders viele Tiere leben auf einer Eiche – Biologen haben bis zu 2000 verschiedene Lebewesen gezählt. Freilich ist eine Eiche für die meisten Gärten viel zu groß und mächtig, zumal sie besonders in den ersten Jahren sehr schnell wächst und schon bald zu einem stattlichen Baum wird. Es gibt aber auch zahlreiche kleinere Bäume, darunter die herrlich blühenden Obstbäume, die sicherlich in Ihren Garten passen (siehe Seite 98). Und wenn Sie dann noch eine Hecke aus heimischen Sträuchern, die wertvolle Pollen-, Nektar- und Früchtespender sind, anpflanzen (siehe Seite 122) und Ihr Haus mit einer grünen Wand aus Klettergehölzen versehen (siehe Seite 56), dann haben Sie in vielerlei Hinsicht viel Gutes getan für das Leben in Ihrem Garten. Überzeugt?

Abstand halten

Bei der Planung und Pflanzung von Bäumen und Sträuchern in Ihrem Garten müssen Sie die gesetzlich vorgeschriebenen Abstände zu den angrenzenden Grundstücken beachten. Diese variieren abhängig vom Bundesland, in dem Sie wohnen. Erkundigen Sie sich am besten bei der Stadtverwaltung.

Sauerstoffproduzent

Eine ausgewachsene Rot-Buche stellt an einem sonnigen Tag in jeder Stunde so viel Sauerstoff her, wie 50 Menschen verbrauchen. In derselben Zeit bindet dieser Baum 2352 g Kohlenstoffdioxid aus der Luft und stellt daraus rund 1600 g Zuckerverbindungen für Holz und andere Produkte her.

31

Ein Hausbaum muss sein

Bäume gehören zu den prägenden Gestaltungselementen Ihres Grundstücks – aber sie brauchen genügend Platz. Am besten wählen Sie einen Obstbaum wie Apfel, Birne, Kirsche oder Quitte (siehe Seite 98) oder eine heimische Baumart, die in Ihrer Umgebung wächst. Dann haben Sie schon vor der Pflanzung Gewissheit, dass der Baum an die herrschenden Klima- und Bodenbedingungen angepasst ist. Haben Sie richtig viel Platz und suchen die optimale Lösung für einen naturfreundlichen Garten, so pflanzen Sie eine Eiche: Kein anderer Baum beherbergt so viele Insekten wie dieser und lockt unzählige Vögel, Eichhörnchen und andere Tiere an.

Die richtige Auswahl

Viel Freude macht es, wenn Sie den Hausbaum mit allen Familienmitgliedern gemeinsam aussuchen. Nehmen Sie sich dafür ausreichend Zeit, denn schließlich bleibt Ihr Hausbaum viele Jahrzehnte an seinem Platz stehen. Da die heutigen Gärten meist nur 100 bis 300 m² groß sind, sollten Sie bei der Wahl Ihres Hausbaumes unbedingt die Wuchshöhe und die Breite der Baumkrone bedenken – und zwar im Alter von zehn oder zwanzig Jahren. Denn auch dann soll er sich ja noch harmonisch in Ihren Gartenraum einfügen. Richtig große Bäume

Kleinkronige Hausbäume für kleine Gärten

Baumart	Höhe	Anmerkung
Kugel-Ahorn *Acer platanoides* 'Globosum'	6–10 m	attraktive Kugelkrone ohne Schnitt
Goldeschen-Ahorn *Acer negundo* 'Aureo-Variegatum'	5–10 m	dunkelgrünes Laub mit goldgelben Flecken
Blumen-Esche *Fraxinus ornus*	8–10 m	cremeweiße, angenehm duftende Blüten im Mai
Zier-Apfel *Malus floribunda*, *Malus*-Sorten 'Liset', 'Street Parade' u.a.	8–10 m	weiße bis purpurrote Blüten, gelbe bis rote Früchte
Säulen-Kirsche *Prunus serrulata* 'Amanogawa'	5–7 m	schmale, säulenförmige Krone, hellrosa, duftende Blüten
Borstige Robinie *Robinia hispida* 'Macrophylla'	bis zu 3 m	für warme Plätze, purpurrosa Blüten

Hausbäume für größere Gärten

Baumart	Höhe	Anmerkung
Silber-Ahorn *Acer saccharinum* 'Wieri'	bis zu 15 m	aufgelockerte Krone mit überhängenden Zweigen
Rotblühende Kastanie *Aesculus carnea* 'Briotii'	bis zu 12 m	dunkelrote Blütenkerzen im Juni
Weiß-Birke *Betula pendula*	bis zu 22 m	überhängende Zweige
Ess-Kastanie *Castanea sativa*	bis zu 20 m	attraktiver Einzelbaum, stark duftende Blüten im Juni / Juli
Pyramiden-Eiche *Quercus robur* 'Fastigiata'	15–20 m	aufrechte, säulenartige Krone
Schwedische Mehlbeere *Sorbus intermedia*	10–18 m	weiße Blüten im Mai / Juni, rote Früchte
Elsbeere *Sorbus torminalis*	8–15 m	wächst sehr langsam, rein weiße Blüten im Mai / Juni, bräunliche Früchte

Bäume stehen aufrecht wie Menschen – vielleicht tun Sie uns deshalb so gut.

Einen passenden Baum für Ihren Garten finden Sie leicht im großen Angebot unterschiedlicher Gehölzarten und -sorten.

mit ausladenden Kronen wie die Walnuss eignen sich nur, wenn Sie einen wirklich großen Garten haben. In kleine Gärten passen zierliche Bäume mit kleinen oder säulenförmigen Kronen besser, die auch im Alter nicht sehr groß werden.

Eine kleine Auswahl an geeigneten Hausbäumen für kleine und mittelgroße Gärten finden Sie in den beiden Tabellen links.

Bedenken Sie bei der Wahl Ihres Hausbaumes und dem Standort auch dessen Funktion und Wirkungen. Soll Ihr Hausbaum im Sommer das Wohnhaus oder die Terrasse beschatten? Unterschiedliche Akzente in der Gestaltung können Sie durch die Form der Krone setzen – säulenförmige Kronen wirken anders als kegel- oder kugelförmige, herabhängende Zweige anders als waagerecht oder gar steil stehende Zweige. Neben Bäumen mit rein grünen Blättern gibt es auch viele Sorten mit rotem, weiß panaschiertem oder goldgelbem Laub – manche Bäume wie der Zucker-Ahorn zeigen eine intensive Herbstfärbung. Sehr dekorativ und für Tiere attraktiv sind Bäume mit auffallenden, vielleicht sogar duftenden Blüten und Früchten. Die Früchte von Eberesche oder Baumhasel, zwei Bäume mit Wuchshöhen von rund 15 m, sind sogar essbar.

Beleben Sie eine alte Tradition

Pflanzen Sie bei der Geburt eines Kindes einen jungen Baum. Sie können darunter jeden Geburtstag bis hin zur Hochzeit feiern.

32

Sträucher als bunte Lebenswelten

Büsche, Sträucher und Hecken passen in die meisten Gärten sehr viel besser als Bäume. Sie schützen den Garten vor den Einblicken Fremder, spenden Schatten und ergeben grüne Hintergründe für bunte Blumenrabatten. Mit Sträuchern können Sie auf vielfältige Weise Ihren Garten gestalten: Sie sind ein lebendiger Sicht-, Lärm- und Windschutz, gliedern Gartenräume und verbessern das Klima im Garten, da sie Abgase aus der Luft filtern und Sauerstoff sowie Luftfeuchte liefern. Neben unzähligen gezüchteten Gartensträuchern gibt es auch sehr viele heimische Gehölze, die überaus schön anzusehen sind. Dank ihrer Herkunft sind sie optimal an die herrschenden Klima- und Bodenbedingungen angepasst. Für heimische Vögel, Bienen, Schmetterlinge und anderen Tiere sind Gebüsche wichtige Lebensräume. Sie bieten ihnen neben ergiebigen Futterquellen wie Beeren, Nektar und Pollen auch Deckung, Wohn- und Brutraum. Darüber hinaus sehen blühende oder fruchttragende Sträucher äußerst attraktiv aus und gelten zu Recht als wertvolle Schmuckgehölze.

Einer unserer ersten blühenden Sträucher im Jahr ist die Kornelkirsche. Anders als bei der Forsythie können Sie bei ihr im Herbst feine Wildfrüchte ernten.

Frühblüher und Fruchtsträucher

Für Vögel, Bienen, Hummeln und andere Insekten sollten sie in Ihrem Garten früh blühende Sträucher wie Weiden oder die Kornelkirsche (als ökologische Alternative zur sterilen Forsythie) anpflanzen. Für den Herbst wählen Sie Arten, an denen nacheinander Früchte heranreifen, wie beispielsweise Weißdorn, Heckenkirsche, Haselnuss und Schneeball. Haben Sie ausreichend Platz zur Verfügung sollte ein Schwarzer Holunder nicht fehlen, aus dessen Blüten Sie Sirup herstellen können.

Freiwachsende und Formhecken

Anstelle eines Zauns können Sie Ihren Garten mit einer Hecke umgeben. Wenn immer möglich sollten Sie Gehölze mit Laubblättern den Vorzug geben und auf die üblichen Thuja- oder Wacholderhecken verzichten, die meist nur steriles Grün bieten. Auch der gern verwendete Kirschlorbeer bietet kaum Lebens- und Nahrungsraum für die hiesige Tierwelt. Soll es doch immergrün sein, so können Sie eine der immergrünen Berberitzenarten wählen (*Berberis julianae*, *B. hookeri*), Feuerdorn (*Pyracantha*-Arten) oder auch die Eibe (*Taxus baccata*), ein heimisches Nadelgehölz. Deren Früchte mögen zumindest die Vögel.

Sträucher mit essbaren Wildfrüchten

Wild- und auch etliche Ziersträucher tragen Früchte, die Sie essen können. Sie bringen zwar keine hohen Erträge, liefern aber sehr vitaminreiches Obst. Alle Früchte können Sie als Gelee, Saft und Likör genießen.
Zum rohen Verzehr eignen sich die Früchte von Berberitzen (*Berberis*-Arten), Felsenbirne (*Amelanchier ovalis*, auch als Hausbaum), Wild-Rosen (Hagebutten, *Rosa canina*, *R. nitida*, *R. rugosa* u.a.), Kornelkirsche (*Cornus mas*) und Maulbeere (*Morus*-Arten, auch als Hausbaum). Die Früchte von Eberesche (*Sorbus aucuparia*, auch als Hausbaum), Schwarzer Holunder (*Sambucus nigra*), Mahonie (*Mahonia aquifolium*), Mispeln (*Mespilus germanica*), Sanddorn (*Hippophae rhamnoides*), Schlehe (*Prunus spinosa*), Weißdorn (*Crataegus*-Arten) und Zierquitten (*Chaenomeles japonica*, *Ch. speciosa*) müssen Sie vor dem Genuss kochen.

Wildrosen sind im Herbst überreich mit Hagebutten bestückt – zur Freude von Mensch und Tier.

Auf kleineren Grundstücken und bei wenig Platz bietet sich eine Formhecke aus Sträuchern an, die geschnitten werden können. Auch dafür gibt es unter den heimischen Pflanzen genügend Auswahl: Hainbuche, Liguster, Berberitze, Sauerdorn oder Feld-Ahorn. Eine Formhecke bildet, bei jährlichem Rückschnitt, im Lauf der Jahre eine dichte Wand. Ökologisch gesehen ist diese Form einer Hecke aus Laubgehölzen weniger wertvoll als eine freiwachsende Hecke – aber immer noch besser als eine biologisch tote Thujahecke.
Haben Sie ein großes Grundstück und viel Platz, so empfiehlt sich unbedingt eine freiwachsende Hecke aus Sträuchern. Diese ist weniger pflegeintensiv als die Formhecke und ökologisch sehr wertvoll als Bienenweide, Vogelschutz- und -nährgehölz. Ihrem Wuchscharakter entsprechend können die Sträucher in dieser Hecke frei wachsen. Im Gegenteil zur Formhecke erfreuen Sie diese laubabwerfenden Gehölze mit ihren Blüten und Früchten. Mit einem Sommerflieder (*Buddleja davidii*) locken Sie zahlreiche Schmetterlinge in Ihren Garten.
Zierquitte (*Chaenomeles*-Arten), Schneeball (*Viburnum*-Arten), Weiden (*Salix*-Arten), Schwarzer Holunder (*Sambucus nigra*), Haselnuss (*Corylus avellana*), Kornelkirsche (*Cornus mas*), Wildrosen (z.B. *Rosa canina*) und Liguster (*Ligustrum vulgare*) sind Sträucher, die sich dank der bodennah aus der Wurzel entstehenden Neutriebe gut für eine freie Hecke eignen. Damit eine solche Hecke attraktiv bleibt, müssen Sie sie etwa alle zwei bis drei Jahre verjüngen und die ältesten Äste komplett abschneiden. Um brütende Vögel und andere Tiere nicht zu stören, sollten Sie alle Gehölze nur vom 1. Oktober bis zum 29. Februar schneiden.

33

IMMERGRÜNE NADELBÄUME

Nadelgehölze sind bei vielen Gartenbesitzern sehr beliebt, denn sie bieten bei wenig Pflegeaufwand das ganze Jahr über guten Sichtschutz zu Straße, Nachbarn oder unordentlichen Gartenecken. Genau aus diesem Grund sind die gern als lebensfeindlich verschrienen Koniferen nahezu konkurrenzlose Gewächse, auch im naturnahen Garten.
Für die heimische Tierwelt sind Koniferen meist wesentlich weniger wertvoll als Laubgehölze – dennoch gibt es ein paar Nadelgehölze, die auch in einen naturnahen Garten passen. Nicht nur Menschen schätzen es nämlich, wenn Nachbarn oder passierende Verkehrsteilnehmer nicht überall in den Garten einsehen können. Auch Vögel suchen schützende Plätze zum Großziehen ihres Nachwuchses. Ab etwa Mai finden sie diese in den sommergrünen Bäumen und Sträuchern. Grünfinken oder Hänflinge beginnen jedoch schon Wochen vor dem Laubaustrieb mit dem Brüten. Sie bauen ihre Nester gern in immergrünen Thuja oder Wacholder (bitte als Einzelpflanze, nicht als Hecke pflanzen!). Dort finden sie auch dann schon genügend Deckung vor feindlichen Nesträubern.

Wertvolle Staub- und Lärmfilter

Immergrüne Hecken aus Nadelgehölzen halten wegen ihrer stets beblätterten Zweige an verkehrsreichen Straßen das ganze Jahr über Staub, Abgase und Lärm ab. Das schafft keine sommergrüne Hecke aus Sträuchern. Als Hecke gepflanzt vertragen Koniferen einen jährlichen Rückschnitt und können, ganz nach Ihren individuellen Bedürfnissen, stets auf die gewünschte Breite und Höhe geschnitten werden.
Große Nadelbäume hingegen wirken in den bei uns üblichen kleinen Gärten rasch überdimensioniert. Sie nehmen zudem das ganze Jahr

Die schnittverträglichen Eiben werden gern gepflanzt. Dass sie sehr giftig sind, wissen aber leider nur die wenigsten.

Heimische Eibe

In vielen privaten und öffentlichen Gärten, ja sogar auf Spiel- und Schulplätzen, wachsen Eiben. Diese immergrünen Nadelgehölze sind schnittverträglich und bilden attraktive Früchte. Doch: Alle Teile der Eiben sind sehr giftig, nur die roten Samenhüllen nicht.

Nadelbäume bieten mit ihrem dichten Nadelkleid rund ums Jahr Schutz und Geborgenheit vor neugierigen Blicken.

über viel Licht weg. Im Sommer mag Ihnen das ja gut gefallen, aber auch im Winter bei tief stehender Sonne lassen die dichten, immergrünen Kronen kaum Licht durch. In ihrem dichten, trockenen Schatten gedeihen nur wenige andere Pflanzen, denn die sich zersetzenden Nadeln versauern den Boden.

Nadelgehölze für kleinere Gärten

Nadelgehölz	Höhe im Alter von 15 Jahren
Korea-Tanne *Abies koreana*	etwa 7 m
Scheinzypresse *Chamaecyparis lawsoniana* 'Kelleriis Gold'	etwa 5 m
China-Wacholder *Juniperus chinensis* 'Keteleerii'	etwa 10 m
Zapfen-Fichte *Picea abies* 'Acrocona'	etwa 7 m
Mädchen-Kiefer *Pinus parviflora* 'Glauca'	etwa 10 m
Säulen-Eibe *Taxus baccata* 'Fastigiata Robusta'	etwa 5 m
Spalier-Eibe *Taxus media* 'Strait Hedge'	etwa 7 m
Abendländischer Lebensbaum *Thuja occidentalis* 'Holmstrup'	etwa 3 m

Koniferen – nur vereinzelt

Am natürlichsten wirken Nadelbäume in den Mittelgebirgen oder Gebirgen, in denen sie natürlicherweise vorkommen. Dort treffen die Nadelbäume auf zusagende Klima- und Bodenverhältnisse.
Wenn Ihr Garten in Waldnähe liegt, bieten sich Fichten und Kiefern an, denn ihre Zapfen liefern Buntspecht, Eichhörnchen und anderen Tieren gute Nahrungsquellen im Winter. Doch auch dann sollten Sie vor der Pflanzung überlegen, ob Nadelgehölze zur Größe und Gestaltung Ihres Gartens überhaupt passen. Wählen Sie sorgsam den am besten geeigneten Nadelbaum aus. Verwenden Sie Nadelgehölze dennoch nur sparsam in Ihrem Garten, denn sie wirken gern leblos und steril. Sinnvoll können einzelne Koniferen als ruhiger Hintergrund für blühende Rosen und andere Blumen sein oder in Themengärten wie im Japanischen oder Heidegarten.

Natur sucht Balkon und Terrasse

Balkonien und Terrasanien: ein Garten, klein, aber fein. Ein ganzer Mikrokosmos an Möglichkeiten, eine Oase zum Ernten und Pflücken, zum Beobachten, Wohlfühlen und Feiern.

Balkonien: Vielfalt in Töpfen und Kübeln

Da Balkone stets zu einer der Himmelsrichtungen ausgerichtet sind, müssen Sie den Standort hinnehmen, wie er ist: Ihr Sitzplatz auf dem Balkon liegt nun mal mittags in der prallen Sonne und abends im Schatten oder andersrum, daran lässt sich nichts ändern.

Aber Sie können mithilfe einer Begrünung ein angenehmes Mikroklima schaffen, ohne die oft unter künstlichen Beschattungen herrschende stehende Hitze in Kauf nehmen zu müssen. Natürliche Schattenspender haben den Vorteil, dass ihr Schatten meist kühler ist und als atmosphärischer empfunden wird. Pflanzen Sie darum viele Kletterpflanzen zur Klimaregulierung auf Ihren Balkon. Kletterpflanzen sind äußerst platzsparend. Das Immergrüne Geißblatt (*Lonicera henryi*) eignet sich für eine ganzjährige Begrünung, ebenso der pflegeleichte Efeu (*Hedera helix*), der zudem giftiges Benzol aus der Umluft filtert. Statt eines Sichtschutzes aus Stoff können Sie diese Aufgabe auch einer mobilen Hecke oder einer Kletterpflanze wie der Kletter-Hortensie übertragen.

Bausteine für Balkonien

34 Wilde Blumen auf kleinem Raum

35 Naschgarten in Reichweite

Der Naschbalkon

Für Kinder ist ein üppig blühender Balkon mit Naschpflanzen (siehe Seite 132) ein kleines Paradies. Auf kleinstem Raum können sie beobachten wie sich Insekten einfinden, aus Blüten Früchte werden und vielleicht auch ein Vogel in einen Nistkasten einzieht. Auch elementare Erfahrungen kommen auf dem Balkon nicht zu kurz: Feuer können Kinder mit Kerzen erleben, Wasser im Miniteich, Luft weht über jeden Balkon und Erde befindet sich in den Töpfen und Trögen.
Für Erwachsene bietet ein Balkon als städtisches Zuhause der heimischen Natur vielfältige Erholungsmöglichkeiten. Dort können Ihnen die Früchte im wahrsten Sinne in den Mund wachsen, Duftendem und Blühendem sind sie besonders nah.
Fast unentbehrlich wird einem das selbst gezogene Strauchbasilikum, eine wunderschöne, mehrjährige, buschige Pflanzen, deren Triebe verholzen, aber stets neue Seitentriebe ausbilden. Das Thai-Basilikum 'Siam Queen' schmeckt nicht nur lecker nach Lakritz, sondern ist gleichzeitig auch noch eine attraktive Bienenweide.

Naturschutz auf Balkonien

Ein Insektenhotel in einer Weinkiste, bestückt mit Stroh, Bambusstäben, Schilfrohren, morschen Hölzern, angebohrten Ast-

Tomaten gedeihen hervorragend in Topfkultur am warmen, regengeschützten Platz.

Ein Garten auf kleinstem Raum reicht manchmal schon aus, um gesund zu essen und sich wohlzufühlen.

stücken, trockenen Blütenstände, Tonziegel oder Baumrinde, bietet alles, was Insekten an Legeräumen und Verstecken brauchen. Damit die Bewohner auch ihre Wohnungen beziehen und verschließen können, sollten Sie noch ein Töpfchen mit Lehm dazu stellen. Sind die Insekten da, kommen oft Vögel auf den Balkon, für die Sie einen Nistkasten (verschiedene Meisen, Schnäpper, Sperlinge) montieren. Mit wenig Aufwand lassen sich überdies Nisthilfen für Schwalben am Haus anbringen. Auch Sie freuen sich über das Töpfchen mit feuchtem Lehm als Material für den Nestbau.

Wasser auf dem Balkon

Magische Anziehungskraft versprüht ein Miniteich, den Sie auf Ihrem Balkon oder der Terrasse mit einfachen Mitteln schaffen können. Wichtig ist der Standort: Miniteiche benötigen sechs Stunden Sonne am Tag ohne pralle Mittagssonne. Wählen Sie am besten einen halbschattigen Platz. Fast alle Materialien können Sie als Gefäß wählen, Hauptsache wasserdicht. Mörteleimer, Bottiche oder Keramikkübel – alles ist möglich, sofern es ein Mindestwasservolumen von 40 Litern hat und tiefer als 10 cm ist. Nach Geschmack können Sie Ihren Miniteich mit kleinbleibenden Seerosen (*Nymphaea*-Arten), aber auch mit Sumpf-Vergissmeinnicht (*Myosotis scorpioides*), Froschlöffel (*Alisma*-Arten), Sumpf-Schwertlilie, Sumpf-Gladiolen, Pfeilkraut (*Sagittaria*-Arten), Hechtkraut (*Pontederia cordata*), Nadelkraut (*Crassula recurva*), Laichkraut (*Potamogeton*-Arten) oder Wasserpest (*Elodea*-Arten) bepflanzen. Um ein Dominieren einzelner Pflanzen zu verhindern, setzen Sie die Pflanzen am besten in Pflanzkörbe.

34

WILDE BLUMEN AUF KLEINEM RAUM

Ganz einfach können Sie die Natur auf Ihren Balkon einladen. Dazu pflanzen Sie keine Petunien oder Geranien, sondern richten Ihr Augenmerk auf heimische Wildstauden. Die ökologischen Vorteile einer solchen Pflanzenwahl liegen auf der Hand: Heimische Balkonblumen dienen unzähligen Insekten als Futterplatz, Nistgelegenheit und Winterquartier. In den Blüten der Wildblumen finden nicht nur Wildbienen, sondern auch Hummeln, Schwebfliegen und Schmetterlinge, wie Zitronenfalter oder Taubenschwänzchen, kostbare Nahrung.

Als Dauerbepflanzung für Ihren Wildblumenbalkon eignen sich verschiedene mehrjährige Arten, die winterfest sind und sich nach Ihrem Geschmack kombinieren lassen:

- Zwerg-Glockenblume (*Campanula cochleariifolia*): schöne himmelblaue Blüten von Juni bis August, teppichbildender Wuchs; Wildbienen lieben diese Pflanze.
- Heide-Nelke (*Dianthus deltoides*): leuchtend rosarote Teppiche von Juni bis Oktober; Anziehungspunkt für Schmetterlinge.
- Wilde Pfingstnelke (*Dianthus gratianopolitanus*): wunderschöne, reichblühende Teppiche; sehr intensiver Nelkenduft.
- Kriechendes Gipskraut (*Gypsophila repens*): zarter, rosa farbener Blütenteppich.
- Gewöhnliches Sonnenröschen (*Helianthemum nummularium*): lange Blütezeit durch immer neue, leuchtend gelbe Blüten.

Auch für den Schatten auf dem Balkongarten lassen sich sehr schöne Kombinationen gestalten, wie hier mit Horn-Veilchen und Lerchensporn.

Wildblumen für kleine Töpfe

Die hängenden Polster des Gewöhnlichen Steinquendel (*Acinos arvensis*) mit hellvioletten Blüten kombinieren Sie mit dem immergrünen, rosa blühenden Frühlings-Thymian (*Thymus praecox*), den Sie auch als schmackhafte Würzpflanze verwenden können. Dazu setzen Sie himmelblaue Zwerg-Glockenblumen und Heide-Nelken.

Roter Mohn im Topf, mit Erdbeeren unterpflanzt, schenkt dem Balkon die Farbe des Sommers.

Wildblumen für große Töpfe

Kombinieren Sie violette Acker-Glockenblumen (*Campanula ranunculoides*) mit sonnengelber Färber-Hundskamille (*Anthemis tinctoria*), weißem Taubenkropf-Leimkraut (*Silene vulgaris*), himmelblauen Wald-Vergissmeinnicht (*Myosotis sylvatica*), die sich auch gern selbst aussäen, und blauem Großem Ehrenpreis (*Veronica teucrium*).

- Schmalblättriger Alant (*Inula ensifolia*): schöne, gelbe Korbblüten, wird nur etwa 15 cm hoch, teppichbildend.
- Katzenminze (*Nepeta fassenii*): graues Laub und blaue Blüten, lange Blütezeit.
- Große Braunelle (*Prunella grandiflora*): große, violette Blüten, flächiger Wuchs.
- Kleines Seifenkraut (*Saponaria ocymoides*): reichblühend, hängender Wuchs, bildet von Jahr zu Jahr größere Teppiche.
- Krainer-Thymian (*Thymus pulegioides* subsp. *carniolicus*): haarige, zitronenduftende Blätter und helllila Blüten, teppichbildend.
- Großer Ehrenpreis (*Veronica teucrium*): himmelblaue Blüten von Mai bis August, lange Blütezeit.

Zur Pflanzung kaufen Sie am besten im Fachbetrieb vorgezogene Wildstauden aus garantiert heimischen Bezugsquellen. Einjährige Blumen können Sie selbst aussäen; im Herbst ernten sie deren Samen und bewahren sie fürs nächste Jahr auf. Käufliche Blumenerde eignet sich gar nicht, denn sie enthält hohe Torfanteile. Besser ist eine selbst gemachte Mischung, die Sie bei Ihrem Gärtner erhalten können. Oder Sie mischen sich selbst ein Substrat aus Sand und Rindenhumus oder Grünkompost im Verhältnis 1 : 1.

Pflege leicht gemacht

Das Schönste an Wildblumen auf dem Balkon ist, dass sie so pflegeleicht sind. Außer ab und zu gießen, ist an den Kübeln und Kästen nicht viel zu tun. Je größer Kübel und Kästen sind, desto besser, denn das größere Erdvolumen hält bei längerer Trockenheit mehr Feuchtigkeit und stellt zudem mehr Nährstoffe und Wurzelplatz zur Verfügung.
Auch im Winter sind große Gefäße von Vorteil. Die Töpfe frieren nicht so leicht durch und die Wildblumen benötigen keinen Winterschutz. Sie bleiben die kalte Jahreszeit über draußen. Damit das Pflanzgefäß nicht wegen des gefrierenden Wassers gesprengt wird, sollten Sie auf einen Wasserabzug achten. Stellen Sie die Gefäße am besten über Winter erhöht auf Holzlatten und gießen Sie bei Trockenheit an frostfreien Tagen etwas.

35

Naschgarten in Reichweite

Ein Naschbalkon ist der Traum vieler Balkonbesitzer. Biologisch gezogenes Obst, knackiges Gemüse und aromatische Kräuter frisch auf den Tisch sind gesund und lecker. Auch auf Ihrem Balkon können Sie sich und Ihre Familie mit vielen, frischen Lebensmitteln versorgen, wenn Sie den knapp bemessenen Platz voll ausschöpfen. Dazu benötigen Sie Regale an der Hauswand, Rankgerüste für die Kletterpflanzen, Hängeampeln sowie Kästen und Kübel für Boden und Innenseite der Balkonbrüstung aber lassen Sie noch Platz für einen gemütlichen Sitzplatz.

Kräuter und Gemüse

Für Schnittlauch und Petersilie, Tomaten und Paprika ist selbst auf einem kleinen Balkon genügend Platz. Für einen kleinen Gemüsegarten setzen Sie je 10 cm Kastenlänge eine Pflanze. So bringen Sie in einem 80 cm langen Kasten beispielsweise diese Pflanzen unter: Tomate 'Red Robin', Paprika 'Variegato', Zitronengras, Aubergine 'Bambino', Basilikum 'Rubra', Currykraut und Zitronen-Thymian. Auch Rucola, Schnittsalat und Feldsalat sind bestens für die Kultur im Balkonkasten geeignet. Im mediterranen Kasten wachsen Thymian, Salbei, Rosmarin, Oregano, Ysop und Basilikum.

Im Container können Sie großzügiger pflanzen: Wählen Sie eine Leitpflanze und zwei bis drei Füllpflanzen im unteren Bereich, etwa Zucchini, Kürbis oder Buschbohnen mit Mangold, Brokkoli, Radieschen oder Kohlrabi.

Damit auf dem Balkon ein Hauch von Bauerngarten einzieht, pflanzen Sie stets Nutzpflanzen mit Kräutern und bunten Blumen, am besten heimischen Wildblumen (siehe Seite 108) zusammen. Viele Blütenblätter können Sie essen: Dahlien, Rosen und die Blüten der Kapuzinerkresse sind eine leckere Zugabe zu Salaten; Artischocken, Feuerbohnen und Pepino blühen den ganzen Sommer.

Ein Schritt vor die Balkontür und schon können Sie Frisches ernten.

Obst vom Balkon

Auch Obst können Sie auf Ihrem Balkon ernten, sogar von kleinen Obstbäumchen. Besonders geeignet sind robuste Ballerinas oder Säulenbäume wie CATS (Columnar

Apple Trees) sowie Zwergbäume. Echte Zwerg- oder Minibäume gibt es bei Aprikosen und Pfirsichen (pilzfeste Sorten wählen). Für Kinder sind Duo- oder Trio-Bäume ein ganz besonderes Erlebnis: Auf diese Obstbäume wurden zwei (Duo) oder drei (Trio) Sorten derselben Art veredelt. Wenn je eine frühe, mittlere und späte Sorte kombiniert ist, können Sie die Früchte über einen sehr langen Zeitraum ernten.

Auch verschiedene Beerenfrüchte gedeihen auf dem Balkon. Für Balkon- und Ampelbepflanzungen eignet sich besonders die Erdbeersorte 'Elan'. Besonders bewährt hat es sich auch, gleich mehrere Sorten zu pflanzen. 'Selva', 'Muir' und 'Mara de Bois', aber auch 'Ostara' und 'Seascape' sind leckere remontierende Erdbeersorten für Ihren Balkon, die zweimal Früchte tragen – nach der ersten Ernte im Juni / Juli und einer Ruhepause tragen diese Erdbeersorten erneut Früchte bis in den Herbst. Erdbeeren, am besten remontierende Sorten, können Sie auch als Unterbepflanzung setzen.

Platzsparend wächst die stachellose, mittelfrühe, großfrüchtige Brombeere 'Lubera Navaho' in die Höhe; ihre fruchttragenden Triebe gehen fächerförmig auseinander. Diese Brombeere ist sehr robust und pflegeleicht.

Und auf dem Balkon darf es auch mal etwas ganz Besonderes sein: Wie wäre es denn mit einer Walnuss im Kübel? Ja, das geht, denn die äußerst kompakte Zwerg-Walnuss 'Dwarf Karlik'® fruchtet früh, wächst aber langsam und erreicht erst nach 20 Jahren eine Höhe von maximal 2 m. Geerntet wird Ende September.

Hänge-Erdbeeren sind eine Kombination aus Monatserdbeeren und Rankenpflanze, an der sich monatelang Blüten und leckere Erdbeeren bilden.

Naschobst für den Balkon

Sorte	Wuchsform	Pflückreife	Anmerkung
Apfel Sortengruppe CATS	säulenförmig	Sept./Okt.	div. Sorten, z.B. 'Redcats'
Apfel Sortengruppe Mini-Trees	säulenförmig	Sept./Okt.	div. Sorten, z.B. 'Minitree Redlane'
Apfel 'Cactus'	kompakte Zwergform	September	resistent gegen den Schorfpilz, gelb, sehr saftig
Birne 'Decora'	säulenartig	Ende September	rote Backe, süß, schmelzend
Johannisbeere 'Rovada'	schlank, 1- oder 2-triebig	Juni–Juli	sehr robust, lange Erntezeit
Stachelbeere 'Remarka'	schlank, 1- oder 2-triebig	Juni–Juli	erfrischende Säure, rotbeerig
Pfirsich 'Amber'	kompakte Zwergform	Ende Juli	gelbfleischig, saftig
Herbsthimbeere 'Autumn Bliss'	aufrecht am Stab, Rankgitter	Juli–Okt.	rote Früchte, sehr robust, lange Erntezeit, nach der Ernte bodennah abschneiden
Zwerghimbeere Lowberry® Goodasgold	sehr kompakt	Juli–Okt.	gelbe Früchte, sehr robust, lange Erntezeit, nach der Ernte bodennah abschneiden

Der Generationen-Garten

In jedem Garten steckt auch ein Stück Familiengeschichte: Zur Geburt der Kinder wurden Bäume gepflanzt, später folgte der Sandkasten mit Schattenbaum. Wenn die Rutsche dann wegen der größer werdenden Kinder entfernt wird, gibt es Platz für eine schön gestaltete Sitzfläche zum Entspannen, Feiern und Plaudern.

Bleibt eine Familie an einem Ort wohnen, so birgt ein Garten viele schöne Erinnerungen. Diese Erinnerungen können Sie ganz bewusst einsetzen, wenn mehrere Generationen in einem Haus leben und die Großelterngeneration mit in den Garten einbezogen und wertvolles Wissen weitergegeben wird.

Jung und Alt im Garten

Großeltern können Kindern und Enkeln viele ihrer Erfahrungen über die richtigen und wichtigen Arbeiten im Garten mitgeben. Vieles ist verloren gegangen durch die visuellen Welten, in denen unsere Kinder aufwachsen: Am PC ist Wasser niemals nass und Blumen duften nicht. Dort entsteht eine große Erfahrungs- und Erlebnislücke, die im schlimmsten Fall zur völligen Entfremdung von der Natur führen kann. Laden Sie darum Ihre Eltern und Großeltern ein, ihr Gartenwissen mit Ihnen zu teilen.

Wenn der Opa mit dem Enkelsohn im Garten arbeitet, haben beide richtig Spaß.

Mehrgenerationen-Garten

Mehrgenerationen-Gärten sind mehr als nur ein Gemeinschaftsgarten. Hier findet ein Wissenstransfer von älteren zu jungen Gärtnern statt. Gemeinsam schafft man einen Garten, der von „altem" Wissen und frischen Machern profitiert. In fast jeder Stadt gibt es heute solche Projekte, machen Sie mit.

Erntefrisches Obst für unsere Kinder – das Beste, was wir ihnen mit auf den Weg geben können.

Damit ältere Menschen, die körperlich nicht mehr so gefordert werden können wie junge, auch im Garten Freude haben, sollten die Wege ebenerdig sein, behindertengerecht geführt werden und einen schönen Ruheplatz mit einer einladenden Bank aufweisen. Hochbeete (siehe Seite 84) bieten sich ganz besonders an, denn in Ihnen können Pflanzen rückenschonend kultiviert werden.

Stimmen diese Voraussetzungen, dann seien Sie neugierig auf das Wissen der älteren Generation: Mischkulturen, Obstbaumschnitt, Schnittblumenkultur, natürlicher Pflanzenschutz sind oft völlig normales Handwerk für ältere Menschen.

Für Kinder ist es ein besonderes Erlebnis, mit den Eltern und Großeltern im Garten arbeiten zu dürfen. Natürlich gilt es wie immer, wenn unterschiedliche Menschen zusammen kommen, Nachsicht walten zu lassen. Am besten bekommt jedes Kind sein eigenes Beet, in dem es nach Lust und Laune gärtnern kann.

Für Menschen mit nachlassender Kraft bedeutet die Arbeit und das Lehren im Garten Lebensfreude, Selbstwertgefühl und Kreativität. Mobilität, Geschicklichkeit und andere mentale Funktionen werden durch diese Tätigkeit erhalten, stimuliert und nachhaltig verbessert. Gerade für Menschen mit Demenzerkrankung können Gärten, die Elemente aus Ihrem Leben beinhalten, sehr beruhigend sein, denn an das Elementarste erinnert sich ein Mensch stets. Durch die erlebte Natur, die jahreszeitlichen Aspekte im Garten und die Erinnerungswirkung der Gartenbilder und Pflanzen werden die Sinne positiv angeregt und die Angst vor der Orientierungslosigkeit genommen.

Vergessenes Obst und Gemüse

Bei uns vergessen sind Spargelerbse (*Tetragonolobus purpureus*), Gartenmelde (*Atriplex hortensis*), Erdbeerspinat (*Chenopodium capitatum*) oder die Delikatesskartoffel 'Bamberger Hörnchen', die aber zusammen mit anderen alten Sorten und Arten (siehe Seite 78, 94) im Generationen-Garten wieder einen festen Platz im Hochbeet bekommen können. Pflanzen Sie alte Apfel- und Birnensorten: 'Fießers Erstling', 'Roter Herbstkavill', 'Fässlesbirne', 'Gelbe Wadelbirne', 'Ribston Pepping' oder 'Maunzenapfel' sind nur ein paar der schmackhaftesten. Auch historische Bohnensorten, wie 'Gelbe Kipfler', 'Purple Teeple', 'Kaiser Friedrich' und 'Zuckerperl Prinzess', sehen nicht nur wunderschön aus, sondern schmecken auch besonders gut.

SERVICE

Hilfreiche Adressen

www.blumat.de
Wassersparendes System, mit dessen Hilfe sich die Pflanzen selbst mit Wasser versorgen.

www.dgg1822.de
Die Deutsche Gartenbau-Gesellschaft, älteste deutsche gärtnerische Vereinigung, sieht sich als Dachverband der grünen Vereine, Vereinigungen, Verbände und Interessengemeinschaften in Deutschland und will durch Zusammenarbeit möglichst vieler Gleichgesinnter die Bedeutung des „Gärtnerns um des Menschen und der Natur willen" gegenüber Gesellschaft und Politik stärken.

www.eghn.org
Ziel des European Garden Heritage Network ist es, aufzuzeigen, welche Bedeutung auch unbekanntere Parks und Gärten für ihre Region besitzen und welche Chancen für die regionale Identität innerhalb Europas in der Gartenkunst ruhen.

www.gaissmayer.de
Biologisch bewirtschaftete Staudengärtnerei mit umfangreichem Pflanzensortiment, Wildstaudenangebot und Bestellshop.

www.gartenakademien.de
Derzeit bestehen in acht Bundesländern Gartenakademien mit unterschiedlichen Organisationsformen, aber dem gemeinsamen Ziel, den umweltschonenden Freizeitgartenbau zu unterstützen. Mit ihrem vielfältigen Angebot und einer unabhängigen, kompetenten und neutralen Beratung unterstützen sie den Freizeitgartenbau, Vereine und Verbände sowie kommunale und berufsständische Einrichtungen.

www.gartenbauvereine.de
Der Verband der Gartenbauvereine in Deutschland ist Fürsprecher des Freizeitgartenbaus und Partner der Freizeitgärtner. Er tritt für die Erhaltung der Gartenkultur und die Pflege der Kulturlandschaft ein.

www.gartenfreunde.de
Homepage vollgepackt mit Tipps und Anregungen rund um den Haus- und Kleingarten.

www.gartennetz-deutschland.de
Mit der Gründung des gemeinnützigen Vereins Gartennetz Deutschland e. V. ist nun seit Sommer 2007 ein Bundesverband aktiv, der die Interessen von Parks und Gärten bündelt.

www.heike-boomgaarden.de
Homepage von Heike Boomgaarden mit jeder Menge Gartentipps und grünem Fachwissen. Hier finden sich auch immer die aktuellen Sendetermine der Gartenexpertin in Funk und Fernsehen.

www.hortipendium.de
Internetbasiertes Nachschlagewerk für die gärtnerischen Berufe und den Freizeitgartenbau in Form einer Enzyklopädie.

www.nuetzlinge.de
Unternehmen, das sich dem biologischen Pflanzenschutz verschrieben hat und den Versand von Nützlingen anbietet.

www.kleingarten-bund.de
Der Bundesverband Deutscher Gartenfreunde ist ein eingetragener, gemeinnütziger Verein. Er fördert und stärkt das Kleingartenwesen in Deutschland und bietet Seminare an.

www.nutzpflanzenvielfalt.de
Der Verein zur Erhaltung der Nutzpflanzenvielfalt (VEN) sucht nach alten, heute nicht mehr angebauten Nutzpflanzenarten, fördert deren Rekultivierung, Vermehrung und Weiterentwicklung und organisiert Samentauschbörsen.

www.pflanzenschutz-hausgarten.de
Das Pflanzenschutz-Informationssystem ist eine Datenbank mit vielseitigen Informationen zum Pflanzenschutz im Freizeitgartenbau. Ein Schwerpunkt ist der naturnahe, biologische Pflanzenschutz mit alternativen Bekämpfungsverfahren.

www.tausende-gaerten.de
Das Portal zur Kampagne „Tausende Gärten – Tausende Arten. Grüne Oasen, einheimische Tiere und Pflanzen!" bietet viele Tipps und Infos zum naturnahen Gärtnern und zeigt auf der „Grünen Landkarte", wo Projekte und Shops mit Wildpflanzenangebot zu finden sind.

www.wildbienenwelt.de
Ulmers Wildbienenwelt enthält jede Menge spannende Infos rund um Wildbienen. Ein interaktiver Pflanzenfinder zeigt Ihnen zum Beispiel, mit welchen Pflanzen Ihr Garten oder Balkon zum Wildbienen-Paradies wird.

www.vern.de
Der Verein zur Erhaltung und Rekultivierung von Nutzpflanzen in Brandenburg e. V. (VERN) gibt einen eigenen Saatgutkatalog heraus, betreibt Öffentlichkeits- und Bildungsarbeit und beteiligt sich an Gartenschauen, Ausstellungen und Veranstaltungen.

Zum Weiterlesen

Boomgaarden, Heike, Kotremba, Christian, Ollig, Werner: Natürlich, natürlich! Prima Klima für Stadt, Haus und Garten. Knecht Verlag 2021.

Faßmann, Natalie: Mein Naturgarten – Wie er mir gefällt. Verlag Eugen Ulmer 2018.

Gastl, Markus: Ideenbuch Nützlingshotels – Für Igel, Käfer, Vögel & Co. Verlag Eugen Ulmer 2015.

Godet, Jean-Denis: Knospen und Zweige. Einheimische Bäume und Sträucher. Verlag Eugen Ulmer 2020.

Günzel, Wolf-Richard: Der hummelfreundliche Garten. Pala-Verlag 2010.

Hecker, Frank und Katrin: Das große Naturerlebnisbuch. Verlag Eugen Ulmer 2009.

Hecker, Frank und Katrin: Der große Naturführer für Kinder: Tiere und Pflanzen. Verlag Eugen Ulmer 2020.

Kremer, Bruno: Steinbachs großer Pflanzenführer. Verlag Eugen Ulmer 2021.

Oftring, Bärbel: Ein Garten für Tiere gestalten, pflanzen, beobachten. Kosmos 2013.

Oftring, Bärbel: Double-use Gärtnern, 100 Gartenpflanzen mit Mehrfachnutzen. Haupt 2017.

Oftring, Bärbel: Wird das was oder kann das weg? Erwünschte und unerwünschte Gartenpflanzen erkennen. Kosmos 2020.

Oftring, Bärbel: Bist du noch zu retten? Pflegefehler, Pflanzenkrankheiten und schädliche Insekten erkennen. Kosmos 2018.

Ollig, Hans-Werner: Obst: Das Grüner-Daumen-Konzept. blv 2013.

Von Orlow, Melanie: Mein Insektenhotel. Wildbienen, Hummeln & Co. im Garten. Verlag Eugen Ulmer 2020.

DIE AUTOREN

Der Diplom-Gartenbauingenieurin ist schon mit ihrem Namen, **Heike Boomgaarden**, die Liebe zur Natur in die Wiege gelegt worden. Dieser Berufung folgt sie konsequent ein Leben lang. Sie entwickelt Lebensräume für Natur und Mensch, ökologisch hochwertig, ästhetisch ansprechend, pädagogisch nutzbar und produktiv. Frau Boomgaarden berät heute weltweit Initiativen für „essbare Städte", um gegen den Verlust von Biodiversität und gegen Armut anzukämpfen. Ihre Projekte haben viele Preise erhalten, so auch den Zeit-Nachhaltigkeitspreis. Bundesweit ist sie in den Medien als Gartenexpertin tätig, um Gärten wieder lebendig zu gestalten.

Die Diplom-Biologin **Bärbel Oftring** erkundete bereits als Kind die Kultur-, Fluss- und Waldlandschaft rund um ihren Heimatort. Ihre zweite Leidenschaft gilt den Büchern. Heute verbindet die kreative Autorin, Redakteurin und Herausgeberin beides: Sie entdeckt mit Kindern die Natur und hat zahlreiche Natur- und Gartenbücher für Kinder, Familien und Erwachsene veröffentlicht. Ihre Bücher wurden in viele Sprachen übersetzt und schon mehrfach ausgezeichnet.

Der Agrar-Ingenieur **Werner Ollig** ist auf einem Bauernhof in und mit der Natur aufgewachsen. Als Leiter der Gartenakademie Rheinland-Pfalz und Lehrer an der Berufsbildenden Schule für Gartenbau liegt ihm die Ausbildung junger Menschen sehr am Herzen. Darüber hinaus hat er als Autor eine Vielzahl von Veröffentlichungen und Vorträgen verfasst. Als Vizepräsident der Deutschen Gartenbaugesellschaft 1822 e. V. in Berlin setzt er sich bundesweit für mehr Vielfalt und Biodiversität ein.

Pflanzen schützen im Naturgarten

Gesunde Pflanzen sind schöne Pflanzen. Im Naturgarten haben Sie verschiedene Möglichkeiten, mit denen Sie Ihre Pflanzen stärken und gesund erhalten können.

Beachten Sie:

> Bei Neupflanzungen resistente, robuste bzw. wenig anfällige Pflanzen und Sorten wählen – so mindern Sie das Auftreten von Schädlingen und Krankheiten.

> Mit den Ergebnissen einer Bodenuntersuchung inklusive Humusbestimmung lässt sich der Nährstoffbedarf der Pflanzen ganz genau bestimmen – so verhindern Sie Überdüngung.

> Kompost ist reich an Nährstoffen und fördert Bodenleben und -gesundheit. 3 l/m²/Jahr entsprechen einer Volldüngergabe von 100 g/m² und reichen für die meisten Kulturen aus!

> Biotechnische Maßnahmen durchführen, wie z.B. Vliese, Netze, Fallen, Gelbtafeln und Leimringe einsetzen – so schützen Sie gezielt Ihre Pflanzen vor bestimmten Schädlingen und schonen die Nützlinge.

> Nützlinge durch artenreiche Bepflanzung fördern bzw. gezielt einsetzen, z.B. Schlupfwespen, Florfliegen, Raubmilben und Nematoden.

> Bei Bedarf vorbeugend stärkende und vitalisierende Präparate einsetzen.

Pflanzen stärken

Als Pflanzenstärkungsmittel werden vom Bundesamt für Verbraucherschutz und Lebensmittelsicherheit (BVL) Stoffe und Gemische einschließlich Mikroorganismen registriert, welche ausschließlich dazu bestimmt sind, allgemein der Gesunderhal-

Im Gegensatz zu den Nacktschnecken steht die Weinbergschnecke unter Naturschutz. Sie dürfen die Tiere also nicht töten, aber mit einem Schneckenzaun auf einfache Weise von Ihren Pflanzen fernhalten.

Stärkende und vitalisierende Präparate für den Garten (Auswahl)

Gruppe	Definition	Beispiele (Auswahl)
Pflanzenstärkungsmittel (lt. § 2 PfSchG)	Sind ausschließlich dazu bestimmt, allgemein der Gesunderhaltung der Pflanzen zu dienen oder Pflanzen vor nichtparasitären Beeinträchtigungen zu schützen.	Pflanzen-Extrakte Homöopathika, z. B. Biplantol etc.
Pflanzenhilfsmittel (lt. § 2 Düngegesetz)	Stoffe ohne wesentlichen Nährstoffgehalt, die dazu bestimmt sind, auf Pflanzen biologisch oder chemisch einzuwirken, um einen pflanzenbaulichen (...) Nutzen zu erzielen.	Urferment
Bodenhilfsstoffe (lt. §2 Düngegesetz)	Stoffe ohne wesentlichen Nährstoffgehalt sowie Mikroorganismen, die dazu bestimmt sind, die biologischen, chemischen oder physikalischen Eigenschaften des Bodens zu beeinflussen, um die Wachstumsbedingungen für Nutzpflanzen zu verbessen oder die symbiotische Bindung von Stickstoff zu fördern.	Urgesteinsmehl Bodenaktivator

Einsatzmöglichkeiten für Kulturschutznetze

Maschenweite	1,35 x 1,35 mm	0,8 x 0,8 mm
Gegen Schädlinge:	Lauchmotte, Kohl- und Rettichfliege, Möhrenfliege, Zwiebelfliege, Kohlweißling, Bohnenfliege	Erdflöhe, Minierfliegen (Lauch-, Zwiebel-), Blattläuse, Befallsminderung bei Weißer Fliege

tung der Pflanzen zu dienen und Pflanzen vor nichtparasitären Beeinträchtigungen zu schützen. Die Aufnahme in die Liste setzt voraus, dass die Mittel bei sachgerechter Anwendung keine schädlichen Auswirkungen auf die Gesundheit von Mensch und Tier sowie auf die Umwelt haben.
Einen umfassenden Überblick bietet die Pflanzenstärkungsmittel-Datenbank des Julius-Kühn-Institutes:
http://pflanzenstaerkungsmittel.jki.bund.de

So wirken Pflanzenstärkungsmittel

Sie verbessern Bewurzelung, Wachstum, Ertrag und Qualität und sie fördern das Bodenleben. Außerdem erhöhen sie die pflanzeneigene Widerstandsfähigkeit:

- durch die Aktivierung von Abwehrstoffen gegen Schadorganismen.
- durch die Einlagerung von Substanzen in die Zellwände, die ein Eindringen von Pilzen und Insekten erschweren.
- durch den Schutz vor negativen Witterungseinflüssen, z.B. Frost, UV-Einwirkung, Verdunstung.

Pflanzenstärkungsmittel müssen in jedem Fall vorbeugend und mehrmals angewendet werden, um die gewünschte Wirkung zu erzielen.
Das Angebot für stärkende, fördernde oder vitalisierende Produkte im Garten wächst täglich. Ein Trend zieht sich wie ein roter Faden durch das Angebot: Mikrobiell Mittel die besonders aktivierende und natürlich im Boden vorkommende Pilze und Bakterien enthalten.
Das bedeutet: auch ohne Pflanzenschutzmittel können Boden und Pflanze gestärkt und gefördert werden. Die Basis dafür sind standortgerechte und vor allem robuste, widerstandsfähige und wenig anfällige Arten und Sorten.
Eingeteilt werden diese Präparate in 3 Gruppen (siehe Tabelle oben).
Darüber hinaus lohnt es sich, auch mal ins Düngeregal zu schauen. Denn dort gibt es noch spezielle organisch-mineralische Blattdünger für eine optimale Pflanzenernährung, basierend auf der Erkenntnis, dass ausgewogen ernährte Pflanzen vitaler sind.

Nicht heimisch, aber trotzdem nützlich

Immer wieder treten sogenannte Neophyten in das öffentliche Interesse. Pflanzen, welche aus meist fernen Ländern bei uns einwandern und sich etablieren – quasi Pflanzen „mit Migrationshintergrund".

Einige dieser Pflanzen sind problematisch, weil Sie heimische Arten verdrängen oder Allergien auslösen. Viele andere hingegen stellen durchaus eine Bereicherung der heimischen Pflanzenwelt dar.
Fast jeder Garten ist mittlerweile ein Multikulti-Garten. Sicher steht eine der hier genannten 10 Pflanzen, die ursprünglich nicht bei uns heimisch sind, auch bei Ihnen Zuhause. Aber keine Sorge, diese Neuankömmlinge haben sich bestens eingewöhnt und sind sogar für unsere heimische Tierwelt nützlich. Sorgen Sie dennoch dafür, dass sie nicht verwildern.

Bartblume
Caryopteris-Arten
Aus der Mongolei kommend, bietet die Bartblume ein besonders langes Nahrungsangebot für Acker- und Erdhummeln. Sie mag trockene Standorte mit leichten, gut wasserdurchlässigen Böden in voller Sonne.

Scheinsonnenhut
Echinacea-Arten
Der Scheinsonnenhut stammt aus Nordamerika und ist wie der Sonnenhut Nektarquelle für Schmetterlinge, Hummeln und die Blaue Holzbiene. Er braucht einen sonnigen, warmen Standort und nährstoffreiche Böden. Die Samenstände dienen im Winter als Vogelnahrung und Winterschmuck.

Sommerflieder
Buddleja davidii
1890 aus China eingeführt, ist der Sommerflieder ein echter Magnet für Schmetterlinge und Hummeln. Der große Strauch ist gut schnittverträglich und anspruchslos. Er bevorzugt sonnige Standorte und kalkhaltige Böden. *Buddleja* darf nicht aussamen – darum konsequent Verblühtes regelmäßig entfernen!

Sonnenblume
Helianthus annuus
Auch die so bekannte Sonnenblume stammt nicht aus Europa, sondern aus Mexico bzw. Nordamerika. Nektar und sehr viele Pollen ziehen Schmetterlinge an, die Samen dienen als Vogelfutter. Sie ist einjährig und liebt – wie der Name schon sagt – Sonne und nährstoffreiche Böden.

Bienenfreund

Phacelia-Arten

Beim Bienenfreund ist der Name schon Programm. Er stammt aus Kalifornien und gilt als gute Bienentrachtpflanze. Aber auch Acker- und Erdhummel finden hier einen gedeckten Tisch. Phazelia ist nicht winterhart, wird als Gründüngungspflanze eingesetzt und ist recht anspruchslos.

Echter Roseneibisch

Hibiscus syriacus

Im späten 16. Jahrhundert aus China und Indien nach England eingeführt, ist der Roseneibisch bei uns eine Insektenfutterpflanze (Bienen, Hummeln) in einer relativ blütenarmen Jahreszeit. Ein sonniger Standort mit lockerem, humus- und nährstoffreichem Boden behagt ihm besonders.

Flammenblume

Phlox-Arten

Von den 27 nordamerikanischen *Phlox*-Arten kamen im 18. Jahrhundert etliche nach Europa. Die Staude ist in vielen Farbvarianten erhältlich und dient vor allem Schmetterlingen als Nektarpflanze. Sonnige Lage oder lichter Schatten mit gutem Boden mag sie am liebsten.

Sonnenhut

Rudbeckia

Der Sonnenhut stammt aus Nordamerika. Bei uns ist er Nektarquelle für Schmetterlinge, Hummeln und die Blaue Holzbiene. Die Samenstände dienen im Winter als Vogelnahrung und Winterschmuck. Der gelbe Hingucker ist frosthart, liebt Sonne und Wärme.

Weigelie

Weigelia florida

Die Weigelie stammt aus Ostasien und ist hierzulande eine gute Nahrungspflanze für Ackerhummeln. In der Sonne oder im lichten Schatten auf nährstoffreichen, lockeren Böden fühlt sie sich am wohlsten.

Zierquitte

Chaenomeles-Arten

1796 gelangte die Chinesische, 1874 die Japanische Zierquitte nach Europa. Unsere heimischen Bienen und Vögel nutzen sie als Nährgehölz. Auf sonnigen, frischen, nährstoffreiche und lehmigen Böden gedeihen Zierquitten am besten.

REGISTER

Bildquellen

Umschlagfoto: Flora Press/Sally Tagg

Africa Studio/Shutterstock.com: Seite 19 re.
Alex Traksel/Shutterstock.com: Seite 70
Arina P Habich/Shutterstock.com: Seite 84
Biggi Möhrle: Seite 137 o.
Birgit Reitz-Hofmann/Shutterstock.com: Seite 29 u.
Borkowski, Elke: Seite 49 u.
Botanikfoto/Friederike Take: Seite 60
Botanikfoto/Hans-Roland Müller: Seite 99
Botanikfoto/Heinz Hauser: Seite 61
Botanikfoto/Steffen Hauser: Seite 30, 94, 109, 118, 122, 141 u. Mi., 67 o.
Cora Mueller/Shutterstock.com: Seite 13
Daniel_P/Shutterstock.com: Seite 141 u. re.
Danylo Samiylenko/Shutterstock.com: Seite 17
Fischer, Ellen: Seite 130, 131
Flora Press/flora production: Seite 126/127
FloraPress/GAP: Seite 4
FloraPress/GAP; Design: Clare Potter: Seite 115
Flora Press/Helga Noack: Seite 10
FloraPress/Sibylle Pietrek: Seite 132
FloraPress/Ursula Pechloff: Seite 8
Fotografen Schissler & Fey: Seite 7, 12, 14/15, 19 li., 20, 25, 32, 34, 44, 49 o., 52, 54, 59, 67 u., 68 re., 71, 72 li., 72 re., 74/75, 77 o., 95, 96, 97, 101 o., 102, 104/105, 107, 112, 113, 121 li., 141 o. li.
Franz Peter Rudolf/Shutterstock.com: Seite 129 re.
Fröhlich/Sturm: Seite 55
GAP Photos / Pernilla Bergdahl: Seite 46/47
Hannah Buehler: Seite 137 Mi.
Hecker, Frank: Seite 6, 41, 108, 119, 123, 134
Herwig, Modeste; Design: Adam Frost; Location: Chelsea Flower Show: Seite 63
High Montain/Shutterstock.com: Seite 26/27
Ioana Rut/Shutterstock.com: Seite 141 o. re.
Ion Sebastian/Shutterstock.com: Seite 36/37
irin-k/Shutterstock.com: Seite 143
Iva Vagnerova/Shutterstock.com: Seite 124
Kowalzik, Doris: Seite 64/65, 110, 140 u. li.
Ksw Photographer/Shutterstock.com: Seite 81
LensTravel/Shutterstock.com: Seite 141 o. Mi.
liu yongqiang/Shutterstock.com: Seite 141 u. li.
Maliutina Anna/Shutterstock.com: Seite 80
mauritius images: Seite 9, 31, 33, 35, 40, 43, 69, 77 u., 98, 125
MelashaCat/Shutterstock.com: Seite 103
Mironmax Studio/Shutterstock.com: Seite 21, 140 u. re.
Möhrle, Bigi: Seite 129 li.
Olga Enger/Shutterstock.com: Seite 121 re.
Ollig, Werner: Seite 114, 137 u.
Persuasivecomm.com/Shutterstock.com: Seite 39 re.
Raquel Caceres Melo/Shutterstock.com: Seite 79
redeleitundjunker.de/U.Niehoff : Seite 89
Reinhard, Hans: Seite 62, 78, 88, 101 u., 135
Reinhard, Nils: Seite 51
relish5/Shutterstock.com: Seite 140 u. Mi.
Rocktrailfilm/Shutterstock.com: Seite 140 o.
Rupp, Christel: Seite 82
Schwarzer, Elke: Seite 116/117
Strauß, Friedrich: Seite 133
Valentyn Volkov/Shutterstock.com: Seite 90/91
waldru/Shutterstock.com: Seite 93 u.
Yevhenii Chulovskyi/Shutterstock.com: Seite 138
Zoonar/Elena Elisseeva: Seite 39 li.
Zoonar/Simone Werner-Ney: Seite 45
Zwermann, Karin: Seite 23, 29 o., 42, 50, 53, 54, 57, 58 re., 58 li., 68 li., 73, 87, 93 o., 106, 111

Die Zeichnungen der Seiten 18, 22, 24, 66 re., 85 o., 85 u. und 86 stammen von Hans-Christian Rost, Stuttgart. Die Zeichnung der Seite 83 erstellte Maryse Forget, Lahr. Die Zeichnungen auf Vor- und Nachsatz und den Seiten 16, 28, 38, 48, 66, 76, 92, 106, 118 und 128 fertigte Daniel Stieglitz, Kassel. Die Schmetterlinge auf dem Umschlag stammen von Marion Schreiber.

Die in diesem Buch enthaltenen Empfehlungen und Angaben sind von den Autoren mit größter Sorgfalt zusammengestellt und geprüft worden. Eine Garantie für die Richtigkeit der Angaben kann aber nicht gegeben werden. Autoren und Verlag übernehmen keine Haftung für Schäden und Unfälle. Bitte setzen Sie bei der Anwendung der in diesem Buch enthaltenen Empfehlungen Ihr persönliches Urteilsvermögen ein.
Der Verlag Eugen Ulmer ist nicht verantwortlich für die Inhalte der im Buch genannten Websites.

Anmerkung zur Schreibweise (Gendering): Gendergerechtigkeit und Inklusion sind bei uns gelebte Praxis – bei der Auswahl unserer Themen, bei der Recherchearbeit, in der Gestaltung. Unsere Texte meinen alle. Damit unsere Inhalte jedoch gut lesbar bleiben, verzichten wir in diesem Werk auf die jeweilige Mehrfachnennung oder Anpassung der Schreibweise bestimmter Bezeichnungen an die weibliche, männliche oder diverse Form.

Bibliografische Information der Deutschen Nationalbibliothek
Die Deutsche Nationalbibliothek verzeichnet diese Publikation in der Deutschen Nationalbibliografie; detaillierte bibliografische Daten sind im Internet über http://dnb.d-nb.de abrufbar.

Wollgrasweg 41, 70599 Stuttgart (Hohenheim)
E-Mail: info@ulmer.de
Internet: www.ulmer.de
Lektorat: Doris Kowalzik
Herstellung: Isabell Scherrieble
Umschlaggestaltung: Marion Schreiber, www.marionschreiber.de
Satz: Susanne Junker, Stuttgart, www.redsign.de,
Reproduktion: time:ray, Jettingen
Druck und Bindung: Firmengruppe APPL, aprinta druck, Wemding
Printed in Germany

ISBN 978-3-8186-1502-4

eigener Kompost
bunte
Blumenwiese
Lebensraum
Wasser